Tourism Storytelling

관광 스토리텔링

김주연 저

(주)백산출판사

머리글

20년도 지난 이야기이다. 당시 고등학생이었던 나는 초등학생인 막내 동생과 외출했다가 집에 가는 버스를 탔다. 그런데 동생이 버스에 올라타자마자 갑자기 다리를 저는 것이다. 뒤따라 가던 나는 의아스러워하며 바라봤다. 다리를 저는 동생의 모습에 어떤 아저씨가 자리를 양보했다. 자리에 앉은 동생은 나를 쳐다보며 씩 웃었다. '뭐 저런 게 다 있어…' 어이가 없기도 했지만 그 순발력에 혀를 내둘렀다. 생각해 보니 동생은 나름대로 자신이 원하는 바를 얻기 위해 효과적으로 표현한 것이다. 힘들어서 자리에 앉고 싶지만 그것을 말로 할 수 없으니 절뚝거리는 걸음으로 표현했고, 마음 착한 아저씨의 양보로 그 목표를 달성했다. 페이크(fake)가 수반되었지만 말이다.

전달하고자 하는 바를 효과적으로 표현하는 것이 스토리텔링이다. 동생은 스토리텔링에 꽤 자질이 있었던 것이다. '스토리'는 꼭 기승전결의 구조를 가진 이야기가 아니어도 무방하다. '내가 하고 싶은 이야기', '전달하고자 하는 바'가 스토리가 된다. 누구나 알게 모르게 스토리텔링을 하며 살아가고 있다. 말로 하든, 행동이나 다른 수단을 동원하든지 말이다.

바야흐로, 우리는 스토리텔링이 난무하는 시대에 살고 있다. TV 드라마의 이야기도, 유튜브의 콘텐츠도, 소셜미디어에 올린 글도, 모든 것이 다 스토리텔링이다. 스토리텔링은 다양한 영역의 마케팅에서도 활용되고 있다. 상품 판매를 위해서, 출마자가 유권자의 마음을 얻기 위해서, 취업전선에서 선택받기 위해서도 스토리텔링은 매우 중요한 역할을 한다. 관광에서도 마찬가지이다.

관광에서 스토리텔링의 중요성은 10여 년 전부터 논의되었던 것으로 기억된다. 하지만 이야기(스토리)는 이미 오래전부터 관광 마케팅에 사용되어 왔다. 영화 〈로마의 휴일〉을 보고 로마를 방문한 많은 사람들은 영화 속 주인공인 오드리 헵번이 했던 것처럼 스페인계단을 찾아가고 아이스크림을 사서 먹었다. 그 오래된 영화가 로마의 관광에 미친 파급효과는 지대하다. 영화 속 주인공이 갔던 곳을 가보고, 했던 것들을 내가 직접 해보며 영화 속 주인공이 되어보고 싶은 감성이 발길을 이끈다. 흥행에 성공한 드라마의 촬영지가 관광명소로 떠오르는 것도 마찬가지이다. 별로 볼 것이 없어도 흥미로운 이야기가 있는 곳은 호기심 많은 사람들을 유인할 수 있다. 이야기가 관광자원이다.

이 책은 관광을 공부하는 대학생들을 포함해 관광에 관심이 있는 사람들에게 스토리텔링이 무엇인지, 다양한 분야에서 스토리텔링이 어떻게 사용되고 있는지, 그리고 관광 스토리텔링이 무엇인지를 파악하는 데 도움을 주고자 하였다. 되도록 쉽고 흥미롭게 풀어보고자 했다.

1장은 스토리텔링과 개념와 의미를 다뤘다. 스토리텔링이 무엇이며 어떤 효과를 가지는지, 이야기란 무엇이고 인류에게 어떤 의미를 가지는지, 그리고 스토리텔링은 어떤 역사를 가지는지 살펴보았다.

2장은 비즈니스에서의 다양한 스토리텔링 사례를 담았다. 우리가 생활 속에서 흔히 접하는 상품에 얽힌 스토리텔링 마케팅 사례를 살펴보고, 기업인의 스토리텔링, 그리고 시장의 활성화를 위해 사용된 스토리텔링 사례를 통해 비즈니스에서 유효하게 사용되는 스토리텔링에 대해 알아보았다.

3장에서는 최근 많은 관심을 받는 다양한 문화콘텐츠의 스토리텔링에 대해 살펴보았다. 문화콘텐츠의 스토리텔링으로 인한 사회적 파급효과를 알아보고, 해리포터와 같은 킬러콘텐츠의 원소스멀티유스(OSMU), 그리고 이러한 문화콘텐츠가 관광자원으로 활용된 사례를 통해 문화콘텐츠 스토리텔링의 중요성을 다뤘다.

4장에서는 관광 스토리텔링의 이상적 사례라고 볼 수 있는 이탈리아 베로나의 '줄리엣의 집' 사례를 통해 관광 스토리텔링의 개념을 알아보고, 관광에서의 다양한 스토리텔링 매체에 대해 살펴보았다.

5장에서는 관광 스토리텔링의 사례로서 터키 이스탄불의 성 소피아 박물관과 핀란드의 로바니에미 산타마을에 대해 알아보았다. 더 많은 사례를 담지 못한 아쉬움이 있으나 다음 기회에 다양한 사례들에 대해 더욱 폭넓게 다루기로 하겠다.

몇 해 전부터 관광 스토리텔링을 강의해 오면서 교재로 삼을 만한 마땅한 책이 없어 관련 보고서나 기사, 현황 자료 등을 참고해 왔다. 언젠가는 책을 만들어야겠다고 생각했던 차에, 코로나19로 인해 시간적 여유가 생겨 교재 작업을 시작했다. 집필하던 중에 갑자기 맹장염으로 수술을 하게 되고 그 후유증에 시달리는 우여곡절을 겪기도 했다. 찬 바람이 불어올 때가 되어 그 결실을 맺게 되니 그동안 흘린 땀에 대한 보상을 받는 것 같아 '고생 끝에 낙이 온다'는 평범한 진리를 터득하게 된다.

모쪼록 독자들이 스토리텔링에 대한 개념을 이해하고, 여러 삶의 현장에서 스토리텔링을 활용할 수 있는 능력을 키우는 데 좋은 계기가 되길 바라는 마음이다.

스토리텔링에 대한 연구 기회를 주시고, 이 책의 감수를 맡

아주신 경희대학교 관광대학원 안경모 교수님께 감사드립니다. 그리고 교재작업을 도와주신 최현주 박사님에게 감사함을 전합니다. 아울러, 큰딸을 믿어주시는 아버지와 아직도 반찬을 공수해 주시는 어머니에게 깊은 감사를 드립니다.

이천이십일년 처서 즈음
김주연

차례

1장 스토리텔링의 개념과 의미

2장 비즈니스에서의 스토리텔링

3장 문화콘텐츠와 스토리텔링

4장 관광 스토리텔링

5장 관광 스토리텔링 사례

관광 스토리텔링

1장

스토리텔링의 개념과 의미

관광 스토리텔링

1장

스토리텔링의 개념과 의미

1. 스토리텔링이란?

스토리텔링(Storytelling), 이 단어를 처음 접한 시점은 정확하지 않지만 언제부터인가 일상적으로 사용되고 있다. 어떤 이들은 지금이 스토리텔링의 시대라고도 한다. 그럼에도 불구하고 '스토리텔링이 무엇인가?'라는 질문을 받게 되면 쉽사리 대답하기 어렵다. 종종 들어봐서 익숙하지만 알듯 말듯한 스토리텔링, 스토리텔링이 무엇인지 알아보도록 하자.

우선 '스토리텔링'을 구성하는 두 단어 '스토리'와 '텔링'에 대해 얘기해 보자. 스토리(story)는 우리말 '이야기'로 대체될 수 있다.[1] '스토리'는 '이야기'와 동의어인 것처럼 보이지만, 두 단어가 가진 뉘앙스는 다른 것으로 받아들여지기도 한다. '스토리'로 표현하면 뭔가 그럴듯해 보이고, '이야기'라고 표현하면 소박하게 느껴진다고 할까. '이야기' 하면 어렸을 때 할머니에게 들었을 법한 호랑이 담배 피던 시절의 옛날 이야기, 친구에게서 전해 들은 시시콜콜한 이야기와 같은 것이 떠오르는 반면, '스토리' 하면 소설이나 드라마, 영화 등의 극적인 장면이 떠오른다. 두 단어가 비슷해 보이지만 서로 다른 지점이 있어 보인다. '이야기'라는 우리말이 '스토리'와는 다른 여러 의미로 사용되기 때문이 아닐까?

우리말 '이야기'는 여러 가지로 사용된다. '이야기'에 '하다'라는 동사가 붙으면 '말하다'라는 의미이다. "제 꿈에 대해 이야기해 보겠습니다"를 "제 꿈에 대해 스토리해 보겠습니다"로 바꿔 말할 수 없다. 여기에서 이야기는 '스토리'와 대체될 수 있는 '이야기'가 아니라 '말'을 의미하기 때문이다. 그리고 이야기는 우리가 경험한 것 혹은 관련된 정보를 통칭하는 표현으로도 사용된다. 예컨대 '나의 학창시절 이야기', '나의 취업성공 이야기', '음식 이야기', '조선시대 이야기'처럼 말이다. '스토리'로 대체될 수 있는 의미의 '이야기'는 인물, 배경, 사건의 형태를 갖춘 것이어야 할 것이다. 하지만 우리의 언어 속 '이야기'는 '스토리'보다 더 넓은 개념으로 사용되고 있는 것이다.

이야기와 스토리, 스토리텔링을 연구한 최시한은 '이야기'는

'사건의 서술'이라고 정의하며 이야기에는 여러 사건이 등장하는데, 하나의 완결된 이야기는 작은 사건들이 인과적으로 결합하여 점차 상위의 크고 중심적인 사건을 이루며, 그 결과물을 스토리라고 하였다. 즉, 스토리란 중심사건의 이야기 요소들이 요약된 것, 이야기의 핵심적인 내용이라는 것이다.[2] 신데렐라 이야기 속에 등장하는 여러 사건들 중 '신데렐라가 파티에서 왕자를 만나지만 급히 떠나며 구두를 잃어버리고 왕자가 구두의 주인을 찾으며 신데렐라를 만나 행복하게 된다'는 핵심적 내용이 스토리라는 것이다. 다시 말해, 스토리는 이야기의 정체성을 나타내는 중심 줄거리라고 이해될 수 있다.

그러면 '텔링'은 무슨 의미일까? '텔(tell)'이란 '말하다' 동사에 'ing'를 붙여 명사화된 것으로 스토리텔링을 '이야기를 말하기'로 해석할 수 있다. 하지만 텔링을 단순히 '이야기를 말하기'를 넘어선 개념으로 봐야 한다. 말 이외의 수단을 통해서 '보여주다', '표현하다', '전달하다'는 의미를 가지고 있기 때문이다. '텔링'은 형용사로서 '효과적인', '강력한', '효과적으로 보여주는'의 의미도 있다. 이러한 의미가 반영되어 '스토리텔링'은 '자신이 하고자 하는 이야기를 사람들에게 효과적으로 인식시키거나 강력하게 기억될 수 있도록 흥미롭게 전달하는 것'이라고 볼 수 있다.

예를 들어, 어떤 영화감독이 자신이 하고 싶은 이야기가 있다면 영화라는 매체를 통해 스토리텔링을 하는 것이다. 영화감독은 연기를 잘하는 배우, 실감 나는 세트, 분위기에 맞는 배경 음악 등 영화의 구성요소들을 활용해서 관객들에게 자신이 하고 싶은 이야기를 효과적으로 전달하기 위해 노력한다. 이것이 바로 스토리텔링이다. 웹툰 작가는 그림과 글로, 화가는 그림으로, 음악가는 선율로, 각기 다른 방식으로 전달하고자 하는 바를 표현한다.

텔링은 단순히 말을 잘 하는 친구가 어제 본 드라마를 재미있게 이야기한다는 수준의 의미가 아니라 상대방에게 내가 전하고자 하는 의도나 목적에 맞는 흥미로운 이야기로 표현하는 개념이라고 할 수 있다. 스토리가 어떤 내용의 이야기인지를 말하는 '무엇(what)'이라고 한다면, 텔링은 이 이야기를 '어떻게(how)' 표현하느냐를 말하는 것이다.

스토리텔링은 영화감독이나 작가만 하는 것은 아니다. 알고 보면 우리 모두가 일상생활 속에서 스토리텔링을 하고 있다. 예를 들면, 신고 있는 운동화가 낡아 새로운 운동화를 사고 싶을 때 "신발이 너무 오래돼서 닳았으니 새로운 운동화를 사주세요"라고 부모님께 직접 말로 전달할 수 있지만, 다르게 표현할 수도 있다. 집 현관에 구멍 난 낡은 운동화를 잘 보이도록 두어 자연스럽게 부모님이 볼 수 있도록 하는 것이다. 말로 직접 표현하는 것보다 간접적으로 표현하는 것이 더 효과적이라는 것을 아마 많은 사람들은 경험을 통해서 알고 있을 것이다. 내가 원하는 것을 직접 말하지 않았지만 오히려 더 강력하게 전달할 수 있는 것이다. 이 또한 스토리텔링이라고 할 수 있다.

따라서, 스토리텔링(storytelling)은 스토리(story 이야기)와 텔링(telling 말하기)이 결합된 합성어로서 말 그대로 '이야기를 말하다'라는 의미를 갖고 있지만, 이야기를 말하는 수준에 머무는 것이 아니라 전달하고자 하는 바를 효과적으로 표현하는 행위라고 할 수 있다.

이러한 스토리텔링은 일상생활에서부터 상품이나 서비스의 마케팅뿐만 아니라 정치나 정책 등 다양한 영역에서 활용되고 있으며 광범위하게 확장되고 있다. 에비앙이라는 생수가 세계적인 명성을 갖게 된 데에는 그 물을 먹고 병을 나은 후작의 이야기가 있었기 때문이었다. 그리고 2015년~2016년 유럽국가들이 난민을 수용하게 된 것은 사람들의 마음을 움직인 한 아이의 비극적인 이야기가 있었기 때문이었다.

2. 스토리텔링의 힘

다음쪽의 사진은 시리아 난민들이 내전으로 인해 살던 곳을 떠나 다른 나라로 이주하기 위해 배를 타고 피난을 떠나는 장면이다. 너무 많은 인원이 승선하고 있어 위험해 보인다. 2015년 전후로 수십만 명의 난민들이 피난 과정에서 목숨을 잃는다는 보도가 전 세계의 언론을 통해서 알려졌다. 하지만 사람들은 이런 일에 별다른 관심이 없었다. 난민은 나와는 다른 세계의 사람들이었던 것이다.

수용인원을 초과하여 승선한 시리아 난민

그러던 중 2015년 9월 터키 보드룸 해변에서 세 살배기 아이 아이란의 차가운 주검이 발견되었다. 해변으로 밀려온 어린 아이의 시신이 찍힌 사진은 전 세계 사람들에게 큰 충격을 주었다. 가족들과 함께 타고 유럽으로 건너가던 배가 난파되어 위험한 순간에 아이란이 아버지에게 "아빠 죽지 마"라고 말했다는 아이란 아버지의 인터뷰에 많은 사람들이 안타까워했다. 이 이야기가 전 세계로 알려지면서 세계인들은 시리아 난민들에 대해 관심을 갖게 되었고, 이런 비극적인 일이 다시 일어나서는 안 된다는 공감대가 형성되었다. 당시 난민수용을 원하지 않았던 유럽 국가들은 이러한 여론에 밀려 결국 시리아 난민을 수용하는 정책적 변화가 이뤄졌다.

터키 해변가로 밀려온 아이란의 모습

"시리나 난민이 탄 배가 난파돼서 여러 명이 죽었는데, 그중 세 살짜리 아이가 죽었대"라는 이야기로만 전달되었다면 이러한 큰 파장을 일으키지는 못했을 것이다. 아이의 주검이 한 장의 사진으로 극적으로 표현되어 전달되면서 전 세계의 여론과 국가의 정책을 움직이게 한 것이다. 이 사진으로 보여진 아이의 모습이 충격적이고 비극적이어서 이것을 본 사람들의 마음을 움직였기 때문이다. 어떤 이야기인지도 중요하지만, 어떻게 전달되느냐에 따라 그 효과는 큰 차이를 나타낼 수 있다.

2019년 넷플릭스(Netflix)에 올려진 한국드라마 〈킹덤〉은 조선시대 배경의 좀비 미스터리 스릴러물로 세계적인 흥행을 거뒀다. 이 드라마를 본 외국인들에게 자연스럽게 조선시대 역사와 문화가 소개되었다. 외국인들의 시각에서는 조선시대 양반들이 썼던 '갓'이 특별한 모자로 생각되었던지 갓에 대한 관심이 높아져 온라인으로 판매되기도 했다. 드라마 형태의 대중적인 스토리텔링을 통해 우리의 전통역사문화가 세계에 알려지는 좋은 계기가 된 것이다. 지루하게 느껴지는 역사나 전통문화를 극적인 이야기 형태로 표현하는 드라마나 영화로 접하면 훨씬 이해하기 쉽고 오랫동안 기억할 수 있다. 최근 흥미로운 역사 이야기를 통해 역사를 배우는 예능프로그램들이 생겨나고 있는 것도 이러한 맥락에서 이해할 수 있다.

3. 이야기의 의미

앞서 '이야기'는 '사건의 서술'이라고 했다. 또한, 우리가 사용하는 언어습관에 있어서 이야기는 그보다 더 넓은 개념으로 사용된다고 했다. 그러면 이야기는 우리에게 어떤 의미가 있는 것일까?

이야기는 상대방에게 전하고자 하는 바를 말로 표현하는 말하기 외에 문자, 소리, 그림, 영상 등 다양한 형태로 전달된다. 이야기는 고대부터 현대에 이르기까지 시공간을 뛰어넘어 커뮤니케이션 도구로서 인간의 삶과 함께해 왔다. 이야기는 대표적인 정보처리장치이며 기억하기 쉬운 구조를 가지고 있다.[3]

우리는 어떠한 이론이나 지식보다 가족, 친구들이 해주는 이야기, 혹은 드라마 속의 이야기 등을 통해 세상을 이해하고 인식한다. 이야기는 우리가 기억하기에 쉬운 형태이기 때문이다. 뉴턴이 사과가 떨어지는 것을 보고 만유인력의 법칙을 밝혀냈다는 흥미로운 이야기를 통해서 물리학의 원리를 습득한다. 만유인력의 원리보다 사과가 떨어지는 것을 보고 물리학 법칙을 알아낸 뉴턴의 이야기에 흥미를 느낀다. 우리는 뉴스로 매일 전해오는 사건들의 이야기를 통해 세상을 알게 된다. 사람들과 대화할 때 재밌는 이야기를 꺼내 어색한 분위기를 완화시키며, 상대방을 설득할 경우에도 이야기는 좋은 도구가 된다.

프랑스의 작가 크리스티앙 살몽(Christian Salmon)은 '스토리텔링은 이야기를 만들어 정신을 포맷하는 장치다'라고 표현했다.[4] 정신을 포맷한다는 표현은 생소하며 조금 무섭게도 들린다. 쉽게 말하자면, 스토리는 사람들의 인식을 형성하는 데 중요한 역할을 한다는 것이다.

예를 들어, 고등학교 시절에 같은 반의 몸이 불편한 친구를 매일 업어서 등하교를 시켰고, 학년이 올라가면서 다른 반이 되었지만, 그 친구를 계속 업어서 등하교를 도맡아 하고 친구의 공부도 도와준 착한 마음을 가진 학생이 있었다고 가정해 보자. 이러한 선행에 대한 이야기가 알려지면 사람들은 자신을 희생하며 봉사할 줄 아는 마음 착한 사람이라는 인식이나 평판, 이미지를 갖게 된다. 시간이 흐른 뒤에, 만일 그가 좋지 않은 일에 연루됐다는 소식을 듣게 되면, 아마 사람들은 "아니, 그 친구가 고등학교 시절 내내 친구를 보살핀 아주 착한 사람인데, 왜 그렇게 되었을까? 그럴 사람이 아닌데, 피치 못할 사정이 있었을 거야"라며 너그럽게 생각할 가능성이 높다. 그 사람을 떠올릴 때 그의 선행 이야기를 가장 먼저 기억해 낼 것이기 때문이다. 몸이 불편한 친구를 돌본 이야기는 그 사람에 대한 인식을 규정하는 데 결정적인 역할을 한다. 그래서 이야기를 통해 정신이 포맷된다고 표현한 것이다.

이야기를 하는 행위는 숫자나 통계를 말할 때보다 듣는 사람의 뇌에서 더 많은 부분을 활성화시켜 화자와 청중이 유대감을 느낄 가능성을 높인다. 어떤 사실을 들었을 때 우리의 뇌에서 활성화되는 곳은 두 곳뿐이지만 흥미로운 이야기를 들을 때는 여섯 군데 혹은 일곱 군데가 활성화된다. 또한, 어떤 사실이나 수치를 기억하기보다 이야기 속에 담긴 정보로 받아들일 때 우리가 기억할 가능성은 여섯 배 더 높아진다고 한다.[5] 또한, 뇌의 많은 부분이 활성화되면 분비되는 화학물질로 인해서 멋진 이야기를 들으면 기분이 좋아지고, 우울한 이야기를 들으면 슬퍼진다. 이렇게 이야기에 감정적으로 몰입할 때 뇌는 그 이야기에 담긴 감정을 공유하게 된다.

이야기는 어떠한 물건이나 공간에 있어서도 특별한 가치를 부여한다. 어머니가 돌아가시기 전에 나에게 물려준 목걸이, 첫 직장을 얻고 부모님이 처음 사주신 자동차, 수능시험 마치고 친구들과 처음으로 간 여행지 등 우리가 살아가면서 경험하는 다양한 이야기가 깃든 물건이나 공간은 특별한 의미를 갖게 된다.

4. 이야기 욕망을 가진 인간, 호모나랜스

'호모나랜스'는 '이야기하는 사람'이라는 뜻이다. 미국의 영문학자 존 닐(John D. Niels)의 1999년 저서 『호모나랜스(Homo Narrans)』에서 처음 사용하였다. '호모나랜스'에서 '나랜스'는 '내러티브(Narrative)'의 '말하다'는 의미로 '말하는 인간'을 표현한 개념으로, 사람들은 자신의 이야기를 계속하려고 하며 이야기를 통해서 사회를 이해한다고 하였다. 사람들은 누구나 이야기를 나누고 싶어 하는 본능을 가졌다는 것이다. 아마 우리는 하루라도 아무 말을 하지 못하게 되는 상황이 된다면 그 답답함을 이겨내기 힘들 것이다. 불교에서 묵언수행을 하는 것도 바로 이런 이유 때문이다.

인간의 '이야기 욕망'을 단적으로 보여주는 사례를 우리 역사에서 찾아볼 수 있다. 『삼국유사』에 기록되어 있는 신라 경문왕의 귀에 관한 설화 '임금님 귀는 당나귀 귀' 이야기이다. 신라의 48대 왕인 경문왕은 임금 자리에 오른 뒤에 귀가 점점 길어져 나귀의 귀처럼 되었는데, 아무도 그 사실을 몰랐으나 오직 왕의 복두장(幞頭匠, 예전에 왕이나 벼슬아치가 머리에 쓰던 복두를 만들거나 고치는 일을 하던 사람)만 알고 있었다. 이 사실을 혼자 알고 있는 복두장은 어디에도 이야기하지 못했다. 왕의 신체에 관한 일이므로 함부로 말하면 자신이 위험에 처할 수 있었기 때문이다.

하지만 너무나 이야기하고 싶은 나머지 도림사(道林寺)의 대나무숲에서 '우리 임금님 귀는 나귀 귀처럼 생겼다'라고 소리쳤다. 어느 날 임금이 그 대나무숲을 지나가는데 '임금님 귀는 당나귀'라는 소리가 들려 대나무를 다 베어버리고 산수유를 심게 했음에도 불구하고 여전히 그 소리가 들렸다는 이야기이다. 어디에라도 이야기를 해야 살 것 같은 마음에 대나무숲에 소리친 복두장의 일화에서 인간의 오래된 이야기욕망을 확인할 수 있다.

페르시아에서 전해지는 천 일 동안의 이야기를 기술한 설화 '아라비안 나이트'로 잘 알려진 '천일야화(千一夜話)'가 있다. 이 이야기의 시작은 이렇다. 페르시아의 왕은 왕비가 자신을 배신하고 다른 남자를 사랑했던 사실을 알게 된 뒤, 왕비를 죽이고 분풀이로 매일 다른 처녀와 결혼을 하고 첫날밤을 치르고는 죽였다. 수백 명의 처녀들이 죽어 나갔다. 어느 날 왕은 대신의 딸인 세헤라자데와 결혼을 하게 되는데, 첫날밤 신부가 흥미로운 이야기를 하는 것이다. 왕은 다음 이야기가 궁금해서 신부를 죽일 수가 없었다. 그런데 다음 날도, 그 다음 날도 이야기가 끊기지 않고 천 일 동안 이어졌다. 결국 왕은 세헤라자데를 죽이지 않았고 왕비로 맞이하게 되었다. 이야기가 그녀의 목숨뿐 아니라 수많은 처녀들의 목숨을 살린 것이다.

재미있는 드라마에 빠지면 본방을 사수하게 된다. 그 이유는 다음에 어떤 이야기가 전개될지 너무 궁금하기 때문이다.

이것이 바로 인간이 가진 이야기 본능이라고 할 수 있다. 다른 사람의 이야기를 듣고 싶어 하고, 동시에 내가 알고 있는 이야기도 말하고 싶은 본능이 인간에게 있는 것이다. 최근에는 소셜미디어 및 유튜브, 블로그 등에 자신들이 경험한 소소한 이야기를 사진이나 글을 통해서 표현하는 것이 일상이 되고 있다. 인간의 이야기 본능이 디지털시대에 다양하게 표현되고 있는 것이다.

5. 인류의 역사와 이야기

요컨대, 이야기는 인류의 역사와 함께해 왔다고 볼 수 있다. 인간이 수렵 채집을 하던 시대부터 오늘날 디지털시대에 이르기까지 경험을 통해 얻은 지혜나 정보를 이야기의 형태로 남겼고, 그것이 지금까지 전해져 온 것이다. 문자가 생겨나기 이전에 우리 조상들이 겪었던 경험으로 얻은 지혜들이 구전의 이야기로 전해졌을 것이다. 붉은 버섯을 먹고 죽은 사람이 있었으니 먹으면 안 된다는 이야기가 사람들의 입에서 입으로 전해지며 독버섯의 위험을 알고 피했을 것이다. 사람들의 입을 통해 전해진 이야기들은 그들이 경험한 것들의 총체였으며 생존에도 필요한 것이었다. 구전으로 전해지는 이야기 외에, 동굴벽화와 같은 그림의 형태로도 전달되었다. 구술과 그림은 이 시대의 스토리텔링 수단이었다.

문자가 만들어진 이후에는 글로써 이야기가 기록되고 전달되었다. 말로 전하는 이야기들은 전달과정에서 그 내용이나 본질이 바뀌기도 하지만, 문자로 전해지는 경우 이야기가 바뀌는 일은 거의 일어나지 않으므로 문자를 통한 이야기 전달은 구전보다 안정적인 방식이다. 문자가 출현하고 인쇄기술이 발달하며 개인의 창작물이 책 형태로 제작, 확산되는 시대를 맞게 된다. 이후 기술이 점차 발달하면서 영화, TV, 디지털미디어의 등장으로 인해 이야기는 글보다는 다양한 영상의 형태로 통용되는 시대가 되었다. 최근에는 자신이 하고 싶은 이야기를 디지털 미디어를 활용하여 문자나 동영상 등으로 전달한다. 하고 싶은 이야기를 전달하고자 하는 스토리텔링은 과거부터 지금에 이르기까지 미디어의 발전에 따라 전달방식이 다양하게 진화하고 있다.

히스토리(History)의 어원은 라틴어인 'Historea'에서 유래했는데, '쓰다'라는 뜻을 가진 'Hi'와 '이야기'를 의미하는 'Storea'의 합성어로 '이야기를 쓰다'라는 의미를 가진다. 인류가 과거의 경험을 통해서 얻은 지혜나 정보를 이야기를 통해서 남긴 것이 바로 '역사'인 것이다. 그래서 '인류의 역사는 이야기의 역사이다'라고 표현되기도 한다.

글을 모르던 어린 시절에 우리는 "옛날옛적에 어느 마을에 호랑이가 살고 있었는데..." 부모님의 입을 통해 이야기를 듣고 자랐다. 글을 배우고 나서는 책이나 신문 등을 통해 세상을 알게 되었고 디지털환경이 발달한 최근에는 다양한 온라인 채널을 통해 시도 때도 없이 많은 이야기를 접하며 세상을 만난다. 이야기를 하고–듣고–나누는 것이 우리 생애 전반에 걸친 모습이라고 해도 과언이 아닐 것이다.

구술시대의 스토리텔링

구술시대의 이야기는 신화, 전설, 민담의 형태로 전해지고 있다. 건국신화와 같은 국가나 민족의 탄생과 관련된 이야기들은 이들의 기원을 표현하며, 백성들을 하나의 공동체로서 동질감을 갖게 하려는 취지를 가지고 있다. 신화의 주인공은 신성한 혈통을 가진 존재로 초인적인 능력을 지녀야 한다. 그래야 초월적인 권위를 가질 수 있기 때문이다. 우리나라의 단군신화에 등장하는 환웅도 하늘에서 온 존재로 알려져 있다. 신화에 나오는 이야기는 비현실적이지만 그 유래에 대해 반문하거나 부정하는 경우는 별로 없다. 신화란 원래 그런 것이라고 여기기 때문이다.

반면, 전설은 역사적인 사실에 기반을 둔 이야기가 많다. 망부석이라는 이름이 붙여진 바위는 멀리 떠난 남편을 기다리던 아내가 바위가 되었다는 전설이 전해지는데, 이야기의 주인공 이름이나 당시 살았던 시대 등에 관한 구체적인 정보가 담겨 있다. 사람이 바위가 되었다는 이야기는 믿기 힘들지만 구체적인 정보가 존재하기 때문에 그럴듯한 이야기로 인식되고 있다. 오래전에 방송됐던 〈전설의 고향〉에는 억울한 원한을 가진 귀신 이야기나 꼬리가 아홉 개 달린 여우, 구미호 등 여러 이야기들이 소개되었는데, 마지막에 내레이터(narrator)가 이 이야기는 어느 시대에 어느 지역에서 일어난 것인지를 말해주는 것으로 끝을

맺었다. 시간과 공간의 구체적 근거가 있는 이야기였던 것이다.

민담은 예로부터 민간에서 구전으로 전승되어 내려온 민중들의 이야기로 현실성 있는 이야기도 있으나 허무맹랑한 이야기도 있다. 신화나 전설은 엄숙한 반면, 민담은 흥미로우며 교훈적이기도 하다. 누가 지었는지 모르지만 사람들의 입에서 입으로 전해 내려온 옛이야기이다. 그래서 시대와 공간을 떠나 보편성을 가진다. 콩쥐팥쥐, 신데렐라 같은 이야기가 대표적인 예라고 할 수 있다. 이야기의 공간이 전혀 다르지만 비슷한 이야기 구조를 가진 민담이 내려올 수 있는 것은 사람들이 사는 모습이 비슷하기 때문일 것이다.

구술시대의 이야기들이 지금까지 전해 내려오고 있으며, 우리들은 여전히 흥미로운 옛이야기들을 듣고 싶어한다. 구술시대의 신화, 전설, 민담은 드라마, 영화, 게임 등과 같은 다양한 형태로 재해석되기도 한다.

우리나라에 존재하는 가장 오래된 역사책인 『삼국사기』를 쓴 김부식은 단군신화 등 건국신화를 쓸데없는 이야기로 치부해서 기록하지 않았다. 하지만 고려시대의 승려 일연은 『삼국유사』에 실었다. 삼국유사가 아니었다면 단군신화는 제대로 전해지지 않았을 것이다. 이천 년은 구전을 통해 이야기가 온전히 전달되기에는 너무 긴 세월이기 때문이다. 그는 단군신화 외의 신화와 전설, 백성들 사이에서 떠돌던 다양한 이야기를 기록했다. 삼국유사의 서문에 '위대한 왕이 태어날 때에는 하늘의 명을 받든 다음에 세상을 다스릴 수 있었다. 이것은 중국의 역사를 살펴보면 매번 발견되는 것이므로 우리의 옛 나라들이 생겨날 때도 신비한 일들이 일어났던 것은 전혀 이상한 일이 아니다'라고 적혀있다. 단군신화 이야기를 가진 우리 민족의 역사도 중국 못지않으며 우리 민족 역시 하늘의 명을 받은 고귀한 민족이라는 것을 알리고자 한 것이다. 단군신화 외 여러 이야기들은 당시 몽골과의 전쟁으로 힘든 고려의 백성들에게 희망을 주었을 것이다. 이야기가 가진 이러한 힘을 간파한 일연은 우리나라의 원조 스토리텔러가 아니었을까?

문자세대와 영상세대의 스토리텔링

문자의 발명과 함께 기록이 시작되면서 사람들은 이야기를 문자로 남겨 후대에 전하게 되었다. 이로 인해 구술시대의 전달과정에서 생긴 오류들은 사라질 수 있었다. 문자시대에 들어서면서 동화나 소설이 발전했고, 글과 그림이 함께 결합된 형태의 만화가 생겨났다.

문자시대에 접어들어 사람들은 치밀한 이야기 구조를 가진 소설을 많이 읽게 되었다. 30년 전 당시의 대학생들은 『태백산맥』, 『장길산』 같은 여러 권의 대하소설을 읽었다. 그런 소설을 읽지 않고서는 친구들과의 대화에 끼기 힘든 시절이었다. 컴퓨터, 스마트폰 같은 디지털기기가 보편화되면서 그런 장편소설을 읽는 독자들은 현저히 줄었다. 요즘 대학생들에게 '10권짜리 장편소설을 읽어볼래?'라고 하면 손사래를 칠 것이다. "그 소설이 드라마로 만들어진다면 10편짜리 드라마를 볼 수 있지만, 10권짜리 소설이라니… 그걸 어느 세월에 읽지?"라는 반응을 보일 것이다. 인쇄물보다는 영상이 더 친숙한 세대이기 때문이다.

문자에 그림이 합쳐진 새로운 형태의 스토리텔링, 만화는 그림이 있으니 전달이 쉬운 장점이 있어서 대중적인 매체로써 활용되었다. 이후 점차 기술이 발전되면서 영화가 발명되었고, 실제 모습이 움직이는 영상으로 제공되는 영화는 당시에는 최첨단 기술의 집약체로 여겨졌다.

지금의 디지털시대는 온라인 미디어의 활성화로 여러 채널을 통해 무수한 이야기들이 떠돈다. 온라인 소설이나 웹툰, 기사를 보기도 하고, 유튜브에 올라온 다양한 동영상을 보며, 다른 사람들의 소셜미디어에 올라온 온갖 이야기를 공유한다. 작가가 아니더라도 자신의 이야기를 얼마든지 표현할 수 있다. 이제는 모두 작가가 될 수 있는 디지털 여건이 마련된 것이다. 그래서 많은 사람들이 자신의 이야기를 다양한 온라인채널에 올려 공유한다. 자신이 올린 글이나 사진, 동영상에 '좋아요'라고 응답한 사람이 몇 명인지가 그 사람을 평가하는 중요한 기준이 되기도 한다. 문자세대들과는 사뭇 다른 영상세대들의 문화인 것이다.

과거의 문자세대는 이성을 중요시했지만 지금은 감성이 중요시되고 있다. 문자세대는 감성적 반응보다는 이성적 판단을 중요하게 여겼다. 논리적인 사고가 중요하고 감성에 의존하는 것은 가볍고 믿을 수 없기 때문에 감정은 절제의 대상이라고 여겼다. 그래서인지 과거에는 사람들의 가치관이 비슷했지만, 현대에는 각기 다양한 가치관을 지니고 있다. 과거에는 '평범하지 않다', '남들과 다르다', '특이하다'는 인식은 부정적인 것으로 평가되었다. 하지만 이제는 남들과 다른 가치관에 대해 '개성 있다', '특별하다', '멋있다'라는 긍정적인 의미로 인식된다. 자신을 어떻게 개성 있는 사람으로 표현하는가? 그 과정에서 어떠한 가치를 창조할 수 있는가? 등에 초점이 맞춰지고 있다. 이 대목에서 스토리는 새로운 가치를 창조해낼 수 있다. 사람들이 색다른 스토리에 관심을 가지는 이유가 바로 여기에 있는 것이 아닐까?

6. 인간에게 이야기가 필요한 이유[6]

앞서 인간이 가지고 있는 이야기 본능에 대해 알아보았다. 그렇다면 인류에게 왜 이야기가 필요했을까? 첫 번째 이유는 '기억하기 쉽다'는 것이다. 우리가 어떤 지식이나 정보를 기억할 때에는 어떠한 논리나 수치 혹은 이성적인 정보나 데이터보다 감성적인 이야기, 흥미롭고 신기한 이야기에 더 몰입하는 경향을 보인다. 또한, 그러한 이야기는 오랫동안 기억하게 된다. 뉴턴이 떨어지는 사과를 보고 만유인력의 법칙을 발견했다는 이야기를 많은 사람들이 기억하듯이 말이다.

사극의 이야기를 통해서 역사를 좀 더 쉽게 이해하기도 한다. 그 시대에 살았던 인물에 대한 흥미롭고 감동적인 스토리가 있다면, 우리는 그 이야기를 잘 기억할 수 있을 것이다. 그리고 그 이야기에 몰입되면, 그 인물이 살았던 역사적인 시대와 배경 등에 관한 정보도 흥미롭게 접할 수 있다. 영화 〈사도〉는 조선시대 영조대왕과 사도세자와의 극적인 갈등으로 결국 뒤주에 갇혀 죽음을 맞게 되는 사도세자의 비극적인 운명을 다뤘다. 역사에 관심이 없는 사람도 사도세자의 비극적인 이야기는 잘 알고 있을 정도로 극적인 사건이기 때문에 영화로 만들어질 만한 대중적인 이야기 소재가 되는 것이다. 영조시대의 정치세력 간의 갈등을 역사책으로 접한다면 다소 지루한 이야기로 느껴질 수 있지만, 영조와 사도세자 두 인물 간 이야기의 배경으로서 세력 간 갈등을 접한다면 좀 더 쉽게 이해할 수 있을 것이다. 이처럼 어떤 지식이나 정보를 접할 때 이성적인 논리보다 감성적인 이야기가 훨씬 더 잘 기억된다는 것이다.

두 번째 이유는 '이야기가 사람의 마음을 변화시킨다'는 것이다. 앞서 제시된 시리아 난민아동 아이란의 비극적인 이야기가 세계의 언론에 보도되면서 많은 사람들은 슬픔과 안타까움을 느꼈다. 유럽 내 여론이 들끓었고, 결국 유럽 국가들의 난민정책이 바뀌게 되었다. 한 아이의 안타까운 이야기가 사람들의 마음을 변화시키며 그러한 결과를 가져온 것이다.

그룹 프로세스 컨설팅의 창립자인 아네트 시몬스(Annette Simmons)는 사람의 마음을 움직이는 것은 어떠한 화려한 언변이나 논리적인 설득이 아니라 '이야기라는 옷을 입은 진실이다'라고 표현했다. 그는 이야기 속에 진정성이 있다면, 즉 진실된 이야기라면 사람의 마음을 움직일 수 있다는 것을 강조했다. 현란한 말솜씨나 논리적인 설득보다 다소 어눌할지라도 진정성 있는 이야기가 많은 사람들을 감동시킬 수 있다는 것이다.

세 번째 이유는 '이야기를 통해서 세상을 이해하게 된다'는 것이다. 추상적인 설명보다 인물이 등장하고 기승전결이 있는 이야기를 통해 우리는 세상과 사람을 더 잘 이해하게 된다. 어렸을 때 부모님이 들려준 동화 속 인물들이 착한 일을 하면 나중에는 복을 받고, 나쁜 사람들은 벌을 받게 되는 이야기를 통해서 세상의 규범이나 도리, 윤리를 쉽게 이해하게 된다. 우리가 드라마나 영화를 좋아하는 것도 이야기를 매개로 내가 겪어보지 못한 다른 세계를 경험할 수 있기 때문이다. 다른 사람들의 실제 경험이나 허구의 이야기는 사람과 세상을 이해할 수 있는 가장 효과적인 방법이다.

2장

비즈니스에서의 스토리텔링

2장

비즈니스에서의 스토리텔링

스토리텔링은 마케팅이다

소설, 드라마, 영화 같은 스토리텔링은 재미와 감동을 주는 것이 목적이지만, 상품을 알리고 판매하기 위한 마케팅 목적의 스토리텔링도 다양하게 활용되고 있다. 관광에서의 스토리텔링은 많은 관광객들의 방문이 목적이 된다. 취업을 위해 자신의 이야기를 잘 표현하여 선택받고자 하는 것과 선거에서 출마자가 유권자의 마음을 얻기 위해 자신의 이야기를 전달하는 것도 마찬가지다. 이처럼 스토리텔링은 여러 영역에서 마케팅 목적으로 다양하게 활용되고 있다.

의사결정은 이성이 아닌 감정이다

어떠한 물건을 구매할 때 사람들이 이성적인 판단으로 구매 결정을 내린다고 생각하지만, 실제로 구매를 결정할 때에는 이성적 판단보다는 감정이 더 큰 영향을 미친다. 상품 구매뿐 아니라 여행지를 선택할 때, 대통령이나 국회의원을 뽑을 때에도 감정이 지배적인 역할을 한다.

이것을 과학적으로 밝힌 연구가 있는데, 미국 Southern California 대학의 신경과학분야 교수인 안토니오 다마시오는 『데카르트의 오류』[1]에서 의사결정에 핵심적 역할을 하는 것은 감정이라고 하였다. 뇌종양을 앓던 그의 환자가 종양 제거수술을 한 뒤, 생활 속에서 무엇을 먹을지 무엇을 입을지와 같은 사소한 일들에서도 의사결정을 내리지 못하는 상태가 되었다. 그 이유를 파악한 결과, 종양이 감정을 생성하는 뇌 부위에 있었으며 종양 제거수술을 하며 이 부분이 손상을 입게 되면서 의사결정을 내릴 수 없게 된 것이라는 사실을 발견했다. 그 환자는 수술 후 감정을 느끼지 못하는 상태가 되어 자신 앞에 놓인 여러 선택지들 중 하나를 결정할 수 없었던 것이다.

따라서 우리가 어떠한 결정을 하게 하는 것은 이성이 아니라 감정이라는 것이다. 이를 달리 표현하면, 누군가를 설득해야 하거나 어떤 선택을 하도록 하려면 이성보다 감정에 호소하는 것이 더 효과적이라는 것이다. 그리고 이러한 감정을 자극하는 것이 바로 이야기이다.

보통 물건을 구매하기 전에 가격, 품질 등과 관련한 객관적인 정보를 살펴보지만 최종적으로 구매를 결정하는 순간에는 소비자의 감정을 움직인 제품을 선택하게 된다. 그래서 상품에 대한 이야기는 소비자들에게 호감을 줄 수 있어야 한다. 부정적인 감정을 일으키는 이야기가 상품에 연루되었다면 소비자들이 그 상품을 구매하지 않을 확률이 높아진다. 어떤 기업의 대표가 직원에게 갑질을 한 사건이 알려졌다면 소비자들은 그 회사에 대해 부정적 감정을 갖게 되고, 이는 자연스럽게 해당 기업의 제품 소비가 억제되어 매출하락으로 이어질 수 있다.

우리는 실제로 이런 일들을 언론보도를 통해 접하고 있다. 2019년 우리나라와 일본 간의 무역 마찰이 생긴 후, 우리 국민들의 일본에 대한 감정이 악화되어 일본 제품에 대한 불매운동이 일어났다. 일본 맥주를 좋아하는 소비자들도 불매운동에 동참하면서 일본 맥주 판매점을 찾기 힘들게 되었다. 국내 소비자들이 애용하던 일본의 패션브랜드인 유니클로도 수십 개의 매장이 문을 닫게 되었다. 일본제품에 대한 소비자의 감정이 부정적으로 변화하면서 소비가 억제된 것이다.

꿈의 사회(Dream Society)

감정에 대해 이야기할 때 미래학자 롤프 옌센(Rolf Jensen)의 『드림 소사이어티(Dream Society)』(2005)가 주로 거론되는데, 그는 '꿈과 감성을 파는 꿈의 사회(드림 소사이어티)'가 올 것이라고 하였다. 요즘은 온라인상에 많은 정보들이 수록되어 있고 언제든지 정보들을 검색해 볼 수 있는 시대이지만, 다가오는 미래는 꿈과 이야기 등의 감성요인이 중요시되는 사회, 즉 꿈의 사회가 도래한다는 것이다. 미래사회에는 꿈을 중요하게 여기고 희망을 줄 수 있는 상상력을 자아내는 이야기 세상이 다가올 것을 예견하였다. 이러한 맥락에서 소비자는 물건을 구매할 때 상품이 주는 효용성 이상의 다른 의미를 찾고자 할 것이며, 그것은 상품에 담겨 있는 이야기나 분위기, 감성이라는 것이다.

예를 들어, 인상적으로 본 영화의 아름다운 여자 주인공이 착용하고 나온 핸드백이나 옷, 립스틱 등은 여성들이 구매하고자 하는 제품이 된다. 여성 소비자들은 영화 속 여배우를 돋보이게 했던 핸드백과 옷을 착용하고 립스틱을 바르며 영화 속 주인공이 된 듯한 느낌을 갖고 싶어하기 때문이다. 이러한 소비는 여성에게만 국한되는 것은 아니다. 영화 속 주인공이 타고 나온 멋진 차나 모터사이클을 갖고 싶어하는 남성 소비자들도 적지 않다. 감성적인 이야기와 함께 소비자들에게 인지된 제품은 이러한 감성을 자극해 소비를 유도한다.

최근 소비 트렌드로 떠오른 '가심비'는 가격 대비 심리적인 만족감을 중시하는 소비행태로 감성적인 소비를 대표하는 단어로 사용되고 있다. '가성비'는 가격대비 성능, 지불가격에 비해 품질이 괜찮은 이성적인 소비라고 한다면, '가심비'는 싼 가격에도 혹은 비싼 가격을 치르더라도 마음이 만족하는 소비, 감정의 욕망을 충족시키는 감성적인 소비라고 할 수 있다. 롤프 옌센이 예견한 상품의 감성적 가치가 가심비 소비로 나타나고 있다고 볼 수 있을 것이다.

상품을 팔지 말고, 이야기를 팔아라

세계적으로 유명한 산업디자이너 이브 베하(Yves Behar)는 '물건을 팔 때 이야기도 같이 팔아야 된다'라고 말한 바 있다. 그는 '제품에 스토리를 담고, 고객이 그 스토리의 일부가 되도록 하라'라고 하였다. 또한, 그는 미래에는 존경받는 리더가 되기 위해서 기업 경영능력도 중요하지만 이야기를 다룰 줄 아는 스토리텔링 능력이 있는 사람이어야 한다고 덧붙였다. 롤프 옌센도 미래의 시장에서 성공하려는 사람은 이야기꾼이 되어야 하며, 이야기꾼은 기업문화를 창조한다고 하였다. 이야기는 상품의 판매뿐만 아니라 기업문화 창조에도 필요하다는 것이다.

어떤 브랜드, 어떤 상품을 구매할지의 선택에 있어서 소비자가 브랜드나 제품에 대해 가지는 감정이 중요한 영향을 미친다. 그래서 기업들은 자신의 브랜드와 상품을 알리기 위해 다양한 이야기를 활용해 왔다. 이를 구체적인 상품과 광고의 스토리텔링 사례를 통해 알아보도록 하자.

1. 상품의 스토리텔링

에비앙

'에비앙(Evian)'은 편의점에 가면 쉽게 살 수 있는 세계적으로 유명한 생수 브랜드이다. 다른 생수에 비해 가격이 비싼 생수계의 명품이라고나 할까? 더 비싼 가격의 생수도 있지만 대중적으로 알려진 생수 중에서는 가장 유명한 브랜드이다. 그래서인지 이 물을 마시는 사람은 왠지 있어 보인다. 브랜드에서 느껴지는 고급스러움 때문일 것이다. 에비앙의 광고는 '이것은 물이 아니다. 에비앙이다', '마시면 젊어지는 물이다' 등 일반 생수와는 차별화된 생수임을 강조하고 있다. 에비앙이 유명하게 된 배경에는 이 물을 먹고 병이 나은 귀족의 이야기가 있다.

1789년 여름, 신장결석을 앓던 프랑스 후작 레세르는 요양을 위해 에비앙이라는 작은 마을에 머무르게 되었다. 이곳은 알프스산을 등지고 레만호수가 있는 청정한 자연환경을 가진 곳이다. 에비앙에서 거주하던 후작은 친구인 카샤의 정원에서 솟아오르는 지하수를 신기하게 여겨 마셨는데, 몇 달 후 신장질환이 완치되었다. 그는 자신의 병이 낫게 된 이유가 물에 있다고 여겨 왕립연구소에 물의 성분분석을 의뢰한 결과, 이곳 물이 인체에 유익한 다양한 미네랄을 함유하고 있다는 것을 알게 되었다.

출처: 에비앙 홈페이지

15년 동안 알프스 고산에서 녹은 눈이 산맥을 따라 흘러내리면서 자연적인 여과 과정을 거치며 불순물이 없는 순수한 미네랄을 다량 포함한 건강한 물이 된 것이다. 이러한 소식이 널리 퍼지면서 많은 사람들이 찾아와서 물을 마시면서 요양을 하고, 의사들은 그 물을 환자들에게 처방하기도 했다. 에비앙의 효능이 알려지면서 나폴레옹 3세와 황후도 에비앙 생수를 마셨다고 한다. 에비앙에 물을 마시러 오는 사람들이 많아지자, 카샤는 치료효과가 있는 신비한 물이라고 소개하며 '카샤의 물'이라는 이름을 붙여 판매했다. 세계 최초로 물을 상업적으로 판매하며, 에비앙 브랜드 마케팅의 시초가 됐다. 귀족의 병을 낫게 한 물이라는 이야기로 에비앙의 가치가 높아졌다.

이후에 사람들은 에비앙을 마시는 것에 그치지 않고 몸을 담그고 싶어해 1806년 이 지역에 온천이 생겼다. 에비앙은 피부 윤기와 탄력에도 좋다고 알려지면서 젊은 여성들과 부자들은 에비앙으로 세수와 목욕을 하기도 했다. 월드스타인 마돈나는 욕조를 에비앙으로 채워 목욕을 한다고 전해지며, 마이클 잭슨도 에비앙으로 얼굴을 씻었다고 한다. 에비앙은 건강과 젊음을 추구하며 생활수준을 높이고 싶은 소비자들의 욕구를 충족시키며 세계적인 브랜드로 성장하게 되었다.

에비앙은 '당신이 마시는 것은 물이 아니라, 에비앙입니다'라는 차별화된 가치를 가진 제품임을 내세우고 있다. 또한, '에비앙은 마시면 젊어지는 물이다'라는 메시지를 전달하기 위해 청년이 에비앙을 마시고 아이가 되는 광고를 제작하는 등 에비앙의 브랜드에 관한 이야기들을 만들어 상품 마케팅에 활용하고 있다.

합격사과

수능 시기가 되면 합격이라는 글자를 새긴 이른바 '합격사과'가 비싼 가격으로 판매되는데, 이 '합격사과'에는 일본에서 유래된 이야기가 있다. 1991년 일본에 큰 태풍이 왔을 때 유명한 사과 산지인 아오모리현에도 태풍피해로 사과들이 떨어져 상처가 생겨 상품성이 낮아져서 판매가 잘 이뤄지지 않았다. 그러던 중, 어느 농부가 강한 태풍에도 떨어지지 않은 약 10% 정도의 사과를 보고 아이디어를 떠올렸다. 마침 입시 시즌이어서 수험생 대상으로 태풍에도 떨어지지 않는 합격사과로 팔면 어떨까 하는 생각을 해낸 것이다. 농부는 '큰 태풍에도 이 사과는 떨어지지 않고 끝까지 매달려 있는 생명력을 가진 사과다. 이 사과를 먹으면 대학에 떨어지지 않을 것이다'라는 스토리로 마케팅을 한 것이다. 당시 일반 사과 열 배 정도의 높은 가격에 판매했음에도 불구하고 합격사과는 완판되었다. 이러한 합격사과의 이야기가 널리 퍼지면서 우리나라에서도 합격사과가 판매되기 시작했지만, 원래의 합격사과가 가진 스토리와 무관하게 '합격' 문구만을 붙인 사과를 판매한 것이다.

이와 같이 상품에 이야기를 입혀 판매하는 것이 바로 상품 스토리텔링이다. 이제는 상품에 스토리를 설계하고 특색 있는 이야기의 내용을 담아 판매해야 한다. 소비자들은 물건을 하나 사더라도 흥미로운 이야기가 담겨 있는 상품을 찾고 그 이야기에 공감하는 상품이라면 기꺼이 값을 지불하기 때문이다.

켈리 백(Kelly Bag)

켈리 백은 유명한 여배우이자 모나코 왕비였던 '그레이스 켈리'의 이름을 딴 백(bag)의 이름이다. '그레이스 켈리(Grace Kelly)'

가 이 백을 든 모습이 알려지면서 그녀의 이름이 붙여져 고유명사가 되었다. 배우로 활동하다 모나코의 왕비가 된 그레이스 켈리가 임신한 자신의 배를 백으로 가리는 모습이 찍힌 사진이 미국의 잡지인 라이프(LIFE)에 실리게 되었다. 그 사진이 널리 알려지면서 세계의 많은 여성들은 그레이스 켈리의 임신 소식에 관심을 보이기도 했지만, 더 큰 관심을 모은 것은 바로 그레이스 켈리의 손에 들린 백이었다.

여성들은 그 사진을 보면서 '내가 왕비가 될 수는 없겠지만 왕비가 된 그레이스 켈리가 든 백을 사고 싶어', '저 백을 들면 나도 우아한 왕비가 된 것 같은 기분일 것 같아' 이런 감성을 갖게 되었을 것이다. 왕비가 된 그녀의 이야기에 자신을 대입시키면서 말이다. 여성 소비자의 감성을 자극한 결과, 그 백은 '완판' 되었다. 그 후에 백을 제조한 에르메스(Hermès)는 그 백에 왕비의 이름을 붙여도 되는지 허락을 요청하여 모나코 왕실의 정식 허가를 받아 '켈리 백'으로 부르게 되었다. 지금도 많은 여성들은 우아한 왕비였던 그레이스 켈리를 떠올리며 이 백을 사고 싶어한다.

고디바(Godiva)

'고디바'라는 브랜드명은 11세기 영국의 코벤트리 지역 영주의 부인이었던 레이디 고디바(Lady Godiva, 레이디는 귀족여성에게 붙이는 칭호임)의 이름을 딴 것이다. 세계적으로 유명한 초콜릿 브랜드 '고디바'는 레이디 고디바의 전설적인 스토리를 인용해서 브랜드의 이미지를 형성하는 데 성공한 사례로 꼽히기도 한다.

레이디 고디바의 이야기는 1043년으로 거슬러 올라간다. 고디바의 남편인 코벤트리 영주가 과도한 세금을 징수하려고 하자 백성들이 힘들어한다는 것을 알고 남편에게 세금을 경감해 달라고 부탁하지만 그는 그녀의 말을 듣지 않았다. 하지만 그녀는 포기하지 않고 끈질기게 세금 감면을 부탁하자 남편은 "알겠소. 만약 당신이 벌거벗은 채 코벤트리 마을을 돌아다닌다면, 그 부탁을 들어주겠소"라고 말했다. 물론 절대 지키지 못할 것이라 생각하고 한 제안이었다. 그러나 다음날 아침에 레이디 고디바는 남편의 말대로 벌거벗은 채 말을 타고 마을을 돌아다녔다. 이러한 소식을 알게 된 마을 사람들은 그 마음에 감동하여 용기를 낸 영주 부인의 명예를 지켜주기 위해 고디바가 말을 타고 돌아다니는 동안 외출도 삼가고 집집마다 커튼으로 창문을 가려 내다보지 않았다. 그 누구도 그녀를 보지 않았을 뿐만 아니라 그날의 일을 모두 비밀에 부쳤다고 한다. 결국 영주는 부인의 뜻대로 백성들에게 세금을 경감해 주게 되었다. 그녀의 용기와 숭고한 희생이 깃든 훈훈한 이야기는 사람들의 입에서 입으로 전해졌다.

1956년 벨기에의 수제 초콜릿 장인 조셉 드랍스(Joseph Draps)는 초콜릿 가게 이름을 무엇으로 하면 좋을까 고민하던 중에 그의 부인으로부터 레이디 고디바의 이야기를 듣게 되었다. 그는 레이디 고디바의 용기, 이타심, 관용, 고귀함을 담은 초콜릿을 생산하겠다는 취지로 '고디바'라는 이름을 붙이고, 말을 탄 레이디 고디바의 모습을 로고로 삼았다. 이후에 미국 식품회사에서 고디바 초콜릿 회사를 인수한 뒤, 고디바는 본격적으로 북미와 유럽에 알려지면서 세계적인 브랜드로 부상했다. 뉴욕 중심가에 들어선 고디바 매장이 명품 주얼리 브랜드 티파니와 까르띠에 중간에 위치하게 되었는데, 초콜릿을 아름답게 진열한 고디바는 '보석 같은 초콜릿'이라는 명품 초콜릿의 이미지를 갖게 되었다.

고디바 초콜릿이 전 세계로 유통되며 많은 사람들에게 익숙한 브랜드로 자리 잡게 되면서 '고디바'라는 이름에 얽힌 이야기가 알려지게 되었다. 사람들이 레이디 고디바에 대해 알게 되면서 그녀가 살았던 영국 코벤트리 지역에 대한 관심이 높아지며, 이곳이 관광지로 떠오르게 되었다. 코벤트리에 있는 대성당 앞 광장에 벌거벗은 고디바가 말에 올라탄 모습을 한 동상이 세워져 있다. 이곳 방문객들은 이 동상을 배경으로 기념사진을 찍는다. 고디바는 이 지역을 상징하는 역사적 인물로 기억되고 있는 것이다. 이처럼 브랜드 이름으로, 또 관광지로 알려지게 된 배경에는 레이디 고디바의 감동적인 이야기가 있기 때문이다.

코벤트리 대성당 앞에 위치한 레이디 고디바의 동상

로얄 코펜하겐(Royal Copenhagen)

세계적인 도자기 업체인 덴마크의 로얄 코펜하겐은 1775년 설립하여 245년이 넘은 오랜 역사를 지니고 있으며, 덴마크 왕실에 납품해 온 정통성을 가진 도자기 제조회사이다. 로얄 코펜하겐의 수많은 제품 가운데 한 제품에 대해 살펴보고자 한다. 로얄 코펜하겐에서 아이들을 위한 식기를 출시한 적이 있었다. 당시 다양한 동물들이 새겨진 아동용 식기 세트를 출시하기 전에 '가장무도회'라는 제목의 이야기책을 만들어서 배포했다. 이 이야기책은 할머니가 외출하고 나가면 찬장 속에 있는 그릇, 주전자 등 도자기 인형들이 갑자기 살아서 움직이기 시작하며 가장 무도회를 열어 누가 제일 예쁘게 차려입는지를 뽐내면서 여러 사건들이 벌어지는 내용이다.

로얄 코펜하겐의 디자이너가 창작한 이야기를 책으로 제작해 매장에 배포한 후에, 이야기 속의 주인공들과 장면들이 그려진 아동용 그릇을 출시했다. 이야기책을 읽은 아이들은 이야기 속 주인공이 그려진 그릇에 관심을 보였다. 흥미로운 것은 이 제품을 부모들이 더 선호했다는 것이다. 이유는 부모들과 아이가 이야기책에 등장하는 주인공들이 그려진 그릇으로 식사를 하면서 책 속의 이야기를 나눌 수 있었기 때문이었다. 아이들이 책 이야기를 나누는 것을 재밌어하고, 식사예절도 가르칠 수 있어서 매우 유익했다는 것이다. 이야기를 먼저 만들고, 그 이야기로 상품을 만든 사례로 앞서 논의된 '상품을 팔지 말고 이야기를 팔아라'의 전형적인 사례라 할 수 있다.

애플

'애플(Apple)', 회사의 이름을 왜 먹는 과일인 사과, '애플'로 지었을까? 지금은 익숙해졌지만 전자기기를 파는 회사 이름이 '애플'이라니 특이하다. 스티브 잡스는 왜 '애플'이라는 회사명을 만들고, 사과를 한 입 베어 먹은 듯한 모양을 로고로 만들었을까? 여기에는 여러 가지의 추측이 있다.

우선 컴퓨터의 원조격인 초기 컴퓨터를 개발한 영국의 천재 수학자, 암호학자, 논리학자이자 컴퓨터 과학의 아버지로 불리는 앨런 튜링(Alan Turing)이 독이 든 사과를 한 입 베어 물고 죽었다는 점을 염두에 두고 그를 추모하기 위해 지은 이름이라는 것이다. 앨런 튜링은 훌륭한 업적이 있음에도 불구하고 비극적으로 생을 마감하게 되었는데, 그의 극적인 이야기는 〈이미테이션 게임(The Imitation Game)〉이라는 영화로 만들어졌다. 2차 세계대전 당시 독일군의 암호를 해석하기 위해 컴퓨터를 만들어 암호를 해석하는 데 성공하는 업적을 남겼지만, 동성애자여서 보수적인 사회에서 인정받지 못하고, 결국 스스로 청산가리를 주입한 사과를 베어 먹고 마치 백설공주처럼 생을 마감하게 된다. 그러한 비운의 천재 수학자를 기억하기 위해 사과를 사용한 것이 아니냐 하는 설이다.

두 번째는, 스티브 잡스가 회사의 로고를 무엇으로 할까 고민하던 중에 사과 농장에서 한 입 베어 먹은 사과를 떠올려 회사 이름으로 삼았다는 추측이 있다. 이외에, 뉴턴이 만유인력의 법칙을 발견하게 한 떨어지는 사과에서 착안한 것이라는 설이 있다. 또한, 경쟁사였던 IBM에서 썩은 사과 이미지를 신문광고에 실으면서 애플을 빈정댔는데, 오히려 이를 활용해서 썩은 부분을 도려낸 이미지를 로고로 만들었다는 설도 있다. 하지만 어떠한 유래가 진짜인지 밝혀지지는 않았다. 이처럼 회사 이름에 얽힌 여러 가지 이야기들이 애플을 특별한 기업으로 여기게 되는데 영향을 끼친 것이 아닐까?

탐스슈즈

탐스슈즈(Toms Shoes)의 창업자가 신발사업을 하게 된 동기는 남다르다. 그는 아르헨티나 여행 중 신발 없이 맨발로 다니는 아이들을 보게 되었다. 그 아이들이 토양의 기생충에 감염되어 여러 질병에 시달리는 것을 보고, 아이들을 위한 신발을 만들었다.

소비자들이 탐스슈즈 한 켤레를 사면 다른 한 켤레는 가난한 아르헨티나 어린이들에게 기부되는 판매전략을 실행했다. 소비자들은 자신이 구매한 한 켤레의 신발이 질병에 시달릴 수 있는 아이를 도와줄 수 있다는 것에 기뻐하며 구매하기 시작했다. 기업이 매출의 일정 부분을 기부하는 것이 일반적인데, '한 켤레 구매 시 한 켤레 기부'라는 원포원(one for one)의 명확하고 단순한 스토리가 많은 소비자들에게 전달되었다. 이러한 스토리텔링 마케팅 덕분에 기업이 빠른 성장을 할 수 있었다.

2. 광고의 스토리텔링

TV, 인터넷 등 대중매체의 제품 광고에 이끌려 해당 제품에 관심을 가졌던 경험은 누구나 있을 것이다. 광고는 짧은 시간 내 제품에 이야기를 입혀 소비자의 관심과 마음을 사로잡아야 하므로 이야기가 중요한 역할을 한다. 영상으로 전달되는 광고에 있어서 감성적 스토리텔링은 소비자의 눈과 마음을 사로잡는 데 큰 힘을 발휘한다.

롯데리아 광고 중 조금 오래된 광고이지만 아주 인상적인 광고가 있다. 헤밍웨이의 소설 『노인과 바다』를 코믹하게 패러디한 광고로 탤런트 신구의 "니들이 게 맛을 알아?"라는 카피로 유명하다. 다소 무거운 분위기의 소설을 코믹하게 연출함으로써 사람들의 기억 속에 오래 남는 광고가 되었다.

초코파이 광고 시리즈 중 '정(情)' 캠페인 광고가 대표적이라 할 수 있다. '이사 가는 날', '삼촌 군대 가는 날', '할머니 댁 방문' 등 따뜻한 이야기를 담아 정을 표현했다. '말하지 않아도 알아요, 눈빛만 보아도 알아요'라는 카피 역시 정을 감성적으로 표현한 것으로 서정적인 멜로디와 함께 사람들에게 각인되었다.

보통 사람들의 평범한 생활 속 익숙한 이야기의 광고는 마치 한 편의 짧은 드라마를 보는 것과 같은 느낌을 주었다. 이 감성적인 광고 덕분에 초코파이 하면 '정'을 떠올리는 소비자들이 많다.

박카스는 피로회복 효능을 강조한 '피로엔 박카스'라는 카피가 유명해서 전 국민의 피로회복제로 인식되는 제품이다. 박카스 광고는 누구나 공감할 수 있는 이야기를 활용한 스토리텔링 마케팅의 성공적인 사례이다. 개인들이 일상에서 겪는 힘든 상황이나 고된 일들을 소재로 하여, 이야기 속 주인공들이 박카스 한 병으로 피로를 해결하고 기운을 얻는 감성적인 스토리텔링이 소비자들의 공감을 사면서 많은 관심을 얻어 왔다.

2020년 환경문제에 관한 이슈를 다룬 광고가 좋은 반응을 보였는데, 바다 회복을 위해 누가 알아주지 않아도 묵묵히 바닷속 쓰레기를 줍는 실제 부부의 이야기를 담았다. 실제의 이야기를 전달하면서 바다쓰레기에 대한 사회적 관심을 불러일으키는 효과도 가져왔다.

바닷속 쓰레기를 줍는 실제 부부의 이야기를 다룬 박카스 광고

애플의 광고도 다양한 이야기를 담고 있다. 그중 '크리스마스 선물'이라는 제목의 광고는 우리들이 경험할 수 있는 일상을 따뜻하게 전하는 크리스마스 이야기를 담고 있다. 크리스마스 때 할아버지 댁에 방문한 손자들이 아이패드로 할아버지와 함께 찍은 사진을 돌아가신 할머니 사진과 편집해서 할아버지에게 크리스마스 선물로 보여드린다. 할아버지는 손자들의 선물에 감동하여 눈물을 흘리는 훈훈한 이야기이다.

IT 기기의 기능을 가족의 감동적인 이야기로 표현함으로써 소비자들의 감성을 자극하는 애플의 남다른 스토리텔링 능력을 보여준 광고라고 할 수 있다.

애플 아이패드의 스토리텔링 광고 '크리스마스의 선물'

3. 기업인의 스토리텔링

애플의 스티브 잡스

애플의 창업자인 스티브 잡스(Steve Jobs)는 우여곡절이 많은 인생을 살았다. 스티브 잡스를 낳은 어머니는 갓 대학을 졸업한 어린 미혼모였기 때문에 아이를 정상적으로 키워줄 수 있는 양부모를 찾았는데, 아이를 대학교육까지 시킬 수 있어야 한다는 조건을 내세웠다. 스티브 잡스는 입양되어 양부모의 사랑을 받으면서 성장했고 대학에 진학했지만, 비싼 등록금을 들여 대학공부를 할 만한 가치가 없다고 생각하게 되어 결국 자퇴한 후, 본인이 관심 있는 분야에 뛰어들어 컴퓨터 비즈니스를 하게 되었다.

부모님의 집 창고에서 시작한 작은 사업체였던 애플은 큰 규모로 성장했다. 사업을 해나가는 과정에서 스티브 잡스는 자신이 창업한 회사에서 쫓겨나는 수모를 겪기도 했다. 다른 회사를 만들어 운영하다 그 회사가 애플에 인수되면서 다시 자신이 만든 회사의 최고 경영자로 돌아오게 되는 굴곡진 인생을 살았다. 결국에는 애플의 전성기를 이끌어낸 역경극복 스토리의 주인공이기도 하다.

무엇보다도 스티브 잡스는 애플 신제품 설명회에서의 인상적인 프레젠테이션을 통해 대중들로부터 좋은 평가를 받았다. 그

만의 드레스코드가 된 검은 티셔츠와 청바지, 그리고 운동화 차림으로 청중에게 대화하듯이 교감하며, 제스처를 통해 때때로 강조하고, 내용에 따라 억양을 달리하고, 때론 침묵하며 청중의 주의를 집중시키는 화법으로 대중을 설득했다. 기존의 딱딱하고 엄숙한 설명회와는 다른 신선함을 주었다. 제품 설명회에서 그는 마치 배우처럼 무대에서 관객과 소통하며 열정적으로 상품을 소개했다. 그의 설명 방식이 인기를 끌면서 스티브 잡스의 프레젠테이션 기법이나 전략에 관한 책이 발간되고, 그의 프레젠테이션 기법 배우기 붐이 일기도 했다.

그는 연설에 있어서도 자신의 소신을 뚜렷하게 전달하며 사람들의 공감을 얻어냈고 감동을 주었다. 스티브 잡스가 세상을 떠나자, 전 세계인들은 그가 한 연설을 통해 그의 철학과 소신, 인생에 대해 다시금 공감했다. 그중에서 많은 사람들에게 감동을 주었던 스탠퍼드 대학 졸업식에서의 연설을 통해 그의 스토리텔링을 알아보도록 하자.

스티브 잡스는 졸업식 연설에서 “이렇게 유명한 대학에서 연설을 하게 되어 영광이다. 나는 대학을 졸업하지 못했다”는 이야기로 시작했다. 자신이 대학을 자퇴한 이야기로 시작하며 본인의 출생에 얽힌 이야기로 이어갔다. 그리고 자퇴한 후에 정규과목이 아닌 자신이 흥미를 가진 과목을 수강했는데, 이때 서체과목을 수강했기 때문에 매킨토시에 아름다운 서체를 구현할 수 있었다고 했다. 아마 학교를 그만두지 않았다면 그 서체 수업을 들을 기회가 없었을 것이고, 지금처럼 맥(Mac; Mackintosh)은 다양하고 아름다운 서체를 가지지 못했을 것이라고 덧붙였다. 그러니 삶에서 일어나는 일들은 결국 어떤 식으로든 연결될 것이라는 믿음을 가지라고 이야기했다.

다음은 본인이 창업한 회사 애플에서 쫓겨난 후에 다른 회사를 만들어 고군분투하는 힘든 시절을 보냈고, 몇 년이 지나서 다시 애플에 복귀하여 아이팟, 아이폰, 아이패드 등을 출시하면서 애플을 세계적인 기업으로 성장시키게 되었다는 이야기로 이어갔다. 여기서 인상적인 내용은 본인이 창업한 회사에서 쫓겨난 일이 매우 힘들고 괴로웠지만, 결국에는 도움이 되었다는 것이다. 그렇게 어렵고 힘든 과정을 견딜 수 있었던 것은 자신이 좋아하는 일을 했기 때문이었다고 말하며, 그러니 여러분들도 자신이 사랑하는 일을 찾으라고 조언했다.

그 다음은 죽음에 관한 이야기였다. 연설을 할 당시 스티브 잡스는 췌장암이 치료되어 건강이 회복되는 시기였다. 그는 어렸을 적 읽었던 이 글을 본 이후 33년간 매일 아침 거울을 보면서 자신에게 이 질문을 던졌다고 한다. “만약 오늘이 내 인생 마지막 날이라면, 오늘 내가 하려고 하는 이 일을 할 것인가?” 죽음 앞에서는 진정으로 중요한 것만 남기고 사라지기 때문에 이 질문을 매일 함으로써 인생에서 의미 있고 중요한 선택을 할 수 있었다는 것이다. 그는 "죽음은 삶이 만들어낸 최고의 발명품이며, 삶을 변화시키는 동력이다"라고 말했는데, 이 말은 많은 사람들에 의해 인용되는 명언이 되었다. 그는 언제 죽음이 와도 후회하지 않기 위해서 다른 사람의 삶을 사느라 시간을 낭비하지 말고 자신의 마음과 직관을 따르는 용기를 가지라고 조언했다.

연설문 마지막에 했던 "Stay hungry, Stay foolish"는 자신이 젊었을 때 읽었던 잡지에 실렸던 문구였다고 소개하며 자신도 항상 그러길 바랐다고 말했다. 그리고 새로운 시작을 하는 여러분들도 그렇게 살기 바란다며 젊은이들에게 보내는 메시지로 전달했다. 스티스 잡스가 자신의 진솔한 이야기를 담백하게 전달한 이 연설은 많은 사람들에게 깊은 울림과 감동을 주었다. 또한, 자신의 이야기를 어떻게 표현하여 메시지를 전달하는지 보여주고 있다. 이러한 이유로 스티브 잡스를 시대의 뛰어난 스토리텔러로 인정하는 것이다.

현대그룹의 창업자 정주영 회장

다음 쪽의 이미지는 신문에 실렸던 현대그룹의 광고이다. 지금은 500원짜리 동전이 있지만, 500원짜리 지폐는 1993년까지 발행했다고 한다. 이 광고는 현대그룹의 창업자 정주영 회장의 이야기를 활용한 것이다.

현대그룹의 스토리텔링 광고

현대그룹의 창업자인 정주영 회장은 1970년 초부터 조선사업을 추진하기로 결심했다. 하지만 당시 우리나라 조선업계의 세계 시장점유율은 1%에도 못 미쳤고 조선소를 만들 자금이 없었다. 외자 확보를 위해 정주영 회장은 영국 최고의 은행에 찾아가서 차관을 요청했지만, 조선 능력 및 기술 수준을 믿을 수 없다는 이유로 거절당했다. 정주영 회장은 그 은행에 영향력을 행사할 수 있는 선박 컨설턴트 회사의 회장을 찾아갔다. 하지만 그의 반응 역시 신통치 않았다.

정주영 회장은 지갑에서 거북선 그림이 그려진 500원짜리 지폐를 꺼내 보여주면서 "우리는 1500년대에 영국보다 300년 앞서 철갑선을 만들었다. 영국보다 뛰어난 철갑선을 만드는 기술을 오래전부터 가지고 있는 민족이다"라고 이야기하며 우리는 할 수 있으니 믿어달라고 설득했다. 그래서 결국 차관을 유치할 수 있게 되었다. 그 이면에는 한국 정부에서 보증을 해주었기 때문에 차관 유치에 성공할 수 있었던 현실적인 여건도 있었다. 하지만 정주영 회장이 500원 지폐로 차관을 유치하게 되었다는 이야기는 많은 사람들에게 오랫동안 회자된 유명한 일화이다. 500원짜리 지폐의 거북선 이야기로 자신이 원하는 바를 표현하고 달성한 것, 비즈니스 커뮤니케이션에서 스토리텔링의 효과를 확인할 수 있는 사례라고 하겠다.

정주영 회장의 인생 자체도 대단한 스토리로 점철되었다. 그는 지금의 북한지역인 강원도 38선 이북에 있는 통천군 아신리에서 살았는데, 17세였던 정주영은 부친이 소 판 돈 70원을 훔쳐 서울로 와서 온갖 역경을 이겨내며 사업가의 길로 들어섰다. 우여곡절 끝에 현대를 창업하여 대기업으로 키우고 사업가로 성공하게 된 대한민국의 대표적인 1세대 기업인이다.

정주영 회장의 나이가 83세가 되던 1998년에는 소떼 1,001마리와 함께 북한을 방문했다. 방북하던 날 정주영 회장은 "내가 훔쳤던 소 한 마리가 1,000마리의 소가 되어 그 빚을 갚으러 꿈에 그리던 고향을 찾아간다"는 감회를 밝혔다. 이 소식은 국내뿐 아니라 세계 언론에서도 비중 있게 소개될 만큼 많은 사람들의 관심을 모았고, 청년 정주영이 아버지가 소 판 돈으로 지금의 현대그룹으로 성장시킨 이야기가 널리 알려지게 되었다.

이 밖에, 그가 추진하고자 하는 새로운 사업에 대해 불가능하다며 주저하는 직원들에게 했던 말 "이봐, 해봤어?"는 그의 도전정신을 표현하는 상징어가 되었다. 정주영 회장의 어록이 존재할 만큼 사업에 대한 그의 추진력은 지금의 현대를 있게 한 동력이 되었다.

그가 남긴 이야기들은 현대라는 기업을 상징하며 기업의 정체성을 형성하는 중요한 요소로 작용하게 된다. 정주영 회장의 이야기를 알고 있는 많은 사람들은 현대그룹을 떠올릴 때 그의 이야기들을 상기하며 불굴의 도전정신을 가진 기업으로 여길 것이다.

4. 시장의 스토리텔링

최근 온라인쇼핑이 일반화되면서 전통시장에서 파는 물건도 집에서 배송받을 수 있지만, 전통시장보다는 대형마트에서 장을 보는 사람이 더 많다. 대형마트가 생기기 전에는 전통시장에서 장을 봤던 소비자들이 쾌적한 쇼핑시설과 편의시설, 주차장이 완비된 마트로 발걸음을 옮긴 것이다. 전통시장이 소비자들의 선택에서 밀려나고 있지만 수십 년 동안 장사해 온 상인들에게는 삶의 터전이고 우리의 오랜 생활문화가 담긴 생생한 삶의 현장이다. 그래서 선거철만 되면 정치인들이 시장을 찾아가는 것이다.

현대적인 시설과 쾌적한 분위기로 조성된 마트에 익숙해진 소비자들은 전통시장에 가는 것이 쉽지 않다. 그래서 정부는 전통시장 활성화를 위해 전통시장의 시설 현대화 사업에 많은 예산을 지원하여 노후화된 시설 보수 및 개선, 간판 제작, 주차장 확충 등 편의시설을 확충하는 노력을 했다.

하지만 소비자들의 방문은 별로 늘어나지 않았다. 전통시장의 시설 현대화로 어느 정도는 효과를 거둘 수 있겠지만, 아무리 많은 예산을 들여 시설을 정비한다 하더라도 시설의 편리성과 쾌적함에 있어서 대형마트를 따라잡기 힘들기 때문이다. 따라서 전통시장의 활성화를 위해서 마트에는 없는 시장이 가진 매력을 찾는 노력이 필요하다.

이러한 고민 끝에 시장의 이야기와 문화를 통해 활성화하자는 시도가 이뤄졌다. 전통시장이 단순히 물건을 사고 파는 곳이 아니라 지역과 함께하는 커뮤니티 공간이라는 데 주목한 것이다. 정부 주도로 전국의 시장에서 다양한 이야깃거리를 발굴하여 소비자들의 관심을 끌 수 있는 사업을 추진했는데, 그중 수원의 못골시장을 성공적인 사례로 들 수 있다.

수원 못골시장과 스토리텔링

전통시장의 경쟁력은 바로 수십 년 동안 같은 자리에서 장사해 온 상인들의 이야기라고 할 수 있다. 시장의 터줏대감인 상인들의 이야기를 활용해서 소비자들에게 감성적으로 다가갈 수 있다면, 이는 고객을 유인할 수 있는 차별적 매력이 된다. 편리하고 세련된 시설이 갖춰진 대형마트에서는 기대하기 힘든 인간적인 소통이 이뤄질 수 있기 때문이다.

대형마트와 달리 전통시장에는 단골이라는 개념이 있다. 오랫동안 시장에서 장사해 온 상인은 자주 방문하는 손님과 특별한 관계를 맺기도 한다. 물건을 사면 덤을 주거나 가격을 깎아주기도 하고 서로 집안 이야기도 하며 인간적인 관계를 맺게 된다. 이러한 관계로 맺어진 단골손님이 그 점포를 찾아와 물건을 사는 것은 당연한 일이 되는 것이다. 이것이야말로 전통시장의 차별화된 자원이다.

상인들의 생생한 삶을 소재로 이야깃거리를 만들면 상인과 손님 간 소통을 통해 단골손님으로 만들 수 있을 것이다. 이 사업을 담당한 컨설팅회사는 상인들의 이야기를 취재하기 위해 한 명 한 명 직접 찾아가 인터뷰를 해서 그들이 살아온 이야기를 하게 했다. 수집된 이야기들을 통해 보니 시장 상인들은 각자 삶의 우여곡절을 겪으며 힘들게 살아온 이야기의 주인공들이었다.

시장에서 노점상을 하며 20년 넘게 잡곡을 파는 아주머니가 있다. 이 아주머니는 둘째 아들을 수원시청 소속 권투 챔피언으로 키워냈다. 남편이 사기를 당해 두 아들과 지하 단칸방에서 살면서 노점상을 시작하게 되었고, 둘째 아들이 공부를 잘했지만 장학금을 받기 위해 권투선수를 시작해서 수원시청 소속 권투 챔피언까지 되었다.

그러던 어느 날 아주머니는 암 진단을 받게 되어 수술을 했고, 수술 후 2주가 지나 바로 시장에 나와서 장사를 했다. 수원에서 열린 전국노래자랑에서 아들의 권투 글러브를 목에 걸고 나가서 노래를 부르기도 했다. 이 아주머니의 이야기를 전달하기 위해 노점상에 빨간 권투 글러브를 달아놓았다. 손님들은 글러브가 왜 걸려 있는지를 물어보게 될 것이다. 자연스럽게 상인과의 대화를 유도하기 위한 설정이다. 손님들이 권투 글러브에 대해 물어보면 아주머니는 신이 나서 챔피언 아들 이야기, 자신이 고생하며 아들을 키운 이야기를 하게 되고, 손님은 아주머니가 들려주는 이야기에 "이 아주머니 고생을 참 많이 하셨네. 다음에 잡곡을 살 일이 있으면 이 가게에 와서 사야지" 하는 정서적 반응을 일으키게 되는 것이다.

닭집 사장님은 시장에서 장사하기 전에는 조선소에서 일했던 바다 사나이였던 것을 알리기 위해 닭집 간판에 배를 그렸다. 신발가게 사장님은 아들을 비행조종사로 키워내 아들에 대한 자부심이 남달랐다. 아들에 관한 이야기를 할 수 있도록 신발가게 간판에 비행기 그림을 넣었다. 시장 내 다른 상점들의 간판들도 상인들의 이야기를 입혀서 설치했다.

시장의 자원인 상인들의 이야기를 손쉬운 전달수단인 간판으로 표현(텔링)한 것이다. 덕분에 이곳은 이야기가 있는 시장이 되었다. 못골시장은 상인들의 이야기를 판 것이다.

관광 스토리텔링

3장

문화콘텐츠와 스토리텔링

3장 문화콘텐츠와 스토리텔링

1. 문화콘텐츠란?

문화콘텐츠(Culture Contents), 언젠가부터 여러 매체를 통해서 자주 듣는 단어가 되었다. 하지만 막상 문화콘텐츠가 무엇인지 자신 있게 말할 수 있는 사람은 많지 않을 것이다. 문화산업진흥 기본법상 문화콘텐츠는 '문화적 요소가 체화된 부호 · 문자 · 도형 · 색채 · 음성 · 음향 · 이미지 및 영상 등의 자료 또는 정보'를 의미하는 것으로 규정되어 있다. 문화체육관광부 산하기관인 한국콘텐츠진흥원에서는 문화콘텐츠를 '문화 · 예술 · 학술적 내용의 창작 또는 제작물뿐만 아니라 창작물을 이용하여 재생산된 모든 가공물 그리고 창작물의 수집, 가공을 통해서 상품화된 결과물들을 모두 포함하는 포괄적 개념'으로 정의하고 있다. 관련 법과 관련 기관의 정의를 보면 문화콘텐츠를 문화산업 및 문화상품의 시각에서 바라본 것임을 알 수 있다. 이러한 배경에는 정부의 문화산업 진흥정책이 있다.

문화콘텐츠라는 용어가 국내에서 사용되기 시작한 것은 1990년대 후반 한국 대중문화의 해외진출과 밀접한 관련이 있다. 드라마, 대중가요, 게임 등의 문화산업의 발전으로 한류가 본격화하면서 1999년 학계에서 처음으로 이 용어를 사용한 것으로 알려지고 있다. 정부에서 문화기술(CT: Culture Technology)을 21세기 '미래 국가전략산업'으로 채택하면서 2001년 8월 당시 문화체육관광부 산하기관인 한국문화콘텐츠진흥원(현 한국콘텐츠진흥원)을 설립하였다. 이를 계기로 '문화콘텐츠'라는 용어가 확산되기 시작하였다.

문화콘텐츠는 '문화'와 '콘텐츠'가 결합된 조어(造語)이다. '문화'는 '한 사회의 개인이나 인간 집단이 자연을 변화시켜 온 물질적 · 정신적 과정의 산물'로 정의되는데, 사용되는 범위가 매우 넓다. '콘텐츠(contents)'는 '콘텐트(content)'의 복수형으로 콘텐트는 '내용 혹은 내용물'을 뜻한다. '콘텐츠(contents)'는 원래는 책이나 논문 등의 내용이나 목차를 일컬어 왔다. 하지만 그 의미가 확대되어 다양한 방식으로 표현되는 내용물을 '콘텐츠'로 표현하고 있다. 문화콘텐츠는 게임, 애니메이션, 방송, 영화, 캐릭터, 음악, 만화 등 다양한 문화산업의 장르를 망라한다.

'문화콘텐츠'는 국내 문화산업의 육성을 위해 만들어진 다분히 한국적인 일반명사로 해외에서는 잘 사용되지 않는 용어이다. 문화산업(Cultural Industry)이라는 표현도 세계적으로 통용되는 것은 아니다. 미국에서는 문화산업을 엔터테인먼트 산업(Entertainment Industry), 영국에서는 크리에이티브 산업(Creative Industry), 일본에서는 미디어 산업(Media Industry)이라 명명하고 있다.

한국 드라마로부터 시작된 한류가 대중가요, 애니메이션, 게임, 뮤지컬 등으로 확산되면서 문화산업이 미치는 사회적·경제적 영향력에 대한 인식이 높아지고 있다. 산업계와 정책입안자들은 문화콘텐츠를 정부의 새로운 성장동력이자 고부가가치의 원천으로 인식하고 있다.

실제로 잘 만들어진 문화콘텐츠는 다양한 유형으로 상품화되어 많은 부가가치를 창출하고 있다. 대표적인 사례로 영국의 『해리포터』를 들 수 있다. 한 편의 소설이 전 세계적인 관심을 받으며 게임, 캐릭터상품, 테마파크, 뮤지컬 등 다양한 형태로 제작되어 많은 파급효과를 일으켰다.

2. 사회적 변화를 가져온 문화콘텐츠 스토리텔링

말아톤

영화나 드라마 같은 문화콘텐츠의 스토리텔링이 가져오는 파급효과는 매우 크다. 영화 〈말아톤〉(2005)은 자폐성 장애를 지닌 주인공이 마라톤을 통해 성장해 나가는 과정을 그린 실제 이야기를 소재로 한 영화이다.

우리나라에서는 장애자녀를 주위에 잘 알리지 않는 경향이 있다. 사회적으로 장애인에 대한 인식과 배려가 부족하기 때문이다. 영화 〈말아톤〉의 주인공 '초원이'와 어머니의 이야기는 많은 사람들의 마음을 뭉클하게 했다. 영화를 통해 자폐아 가정의 어려움에 동감하게 된 것이다. 자연스럽게 장애인에 대한 사람들의 인식이 바뀌는 좋은 계기가 되었다.

장애인에 대한 편견을 불식시키기 위해 공익광고 등의 다양한 캠페인을 벌여왔으나 영화 한 편이 가져온 효과에 미치지 못했다. 영화가 개봉된 이후, 발달장애인들을 위한 여러 가지 정책이 입안되는 변화도 생겼다. 이처럼 영화와 같은 파급력이 큰 문화콘텐츠의 스토리텔링은 사람들의 인식을 바꾸는 의미 있는 변화를 가져오기도 한다.

이태원 살인사건

〈이태원 살인사건〉(2009)이라는 영화도 실제 있었던 사건을 모티브로 하고 있다. 1997년 4월 3일 밤, 어느 대학생이 여자친구를 집에 데려다주는 길에 잠시 들렀던 햄버거 가게 화장실에서 미군에 의해 우발적으로 벌어진 살인사건이다. 하지만 어처구니없게도 살인 용의자였던 미군은 특별사면으로 석방되고 출국금지 조치가 일시적으로 해제된 사이에 출국해 버렸다.

그 후 약 20년간 장기미제로 남았던 이 살인사건을 다룬 영화 〈이태원 살인사건〉이 2009년에 개봉되면서 다시 사람들의 관심을 받게 되었고 용의자를 소환해야 한다는 여론이 형성되었다. 2015년이 돼서야 용의자를 한국으로 소환하여 재판을 받게 했고, 징역 20년의 유죄판결을 받게 되었다. 이 사건은 사람들에게서 잊혀질 뻔했는데, 영화를 통한 스토리텔링으로 인해 여론이 형성되어 살인범죄자를 단죄하는 계기가 되었다고 볼 수 있다.

3. OSMU(One Source Multi Use)

OSMU(One Source Multi Use)는 하나의 원천(one source), 즉 하나의 콘텐츠가 다양한 분야 혹은 장르로 재생산됨으로써 고부가 가치를 창출해 내는 것을 의미한다. 즉 하나의 자원을 여러 곳에 활용한다는 것이다. 디즈니랜드의 '미키마우스'는 1928년 미국의 애니메이션 〈증기선 윌리(Steamboat Willie)〉로 첫선을 보인 후, 문구 및 완구용품, 생활용품, 패션용품 등 다양한 분야로 넓혀졌고, 디즈니월드 테마파크, 디즈니 리조트로 확장된 OSMU의 대표적인 사례로 볼 수 있다.

또한, 유튜브에 게시된 '베이비 샤크(Baby Shark)' 영상이 전 세계에서 인기를 끌었고, 미국 NBC 인기 토크쇼에서는 '아기 상어'로 로고송을 만들어 많은 인기를 모았다. 이로 인해 아기 상어를 소재로 한 캐릭터상품들이 전 세계적으로 판매되고 있으며, 개발상품의 범위 또한 다양화되고 있다.

하나의 콘텐츠가 인기를 얻게 되면 여러 가지 상품으로 제작 · 유통된다. 그렇다면 OSMU의 전제조건은 무엇일까? 원천 콘텐츠가 사람들로부터 많은 관심과 사랑을 받아야 가능하다. 대중적인 관심을 받지 못한 원천 콘텐츠가 다른 장르로 재생산된 경우는 찾아보기 힘들다.

해리포터

사람들이 좋아하는 하나의 원천(one source)이 있다면, 그 원천 콘텐츠를 다양한 장르로 재생산하여 새로운 부가가치를 창출하기도 한다. 이러한 대표적인 사례로 영국의 작가 조앤 롤링(Joanne Rowling)이 쓴 소설 『해리포터』를 꼽을 수 있다.

1997년 발표된 소설 『해리포터』는 총 7부의 시리즈가 79개국 언어로 번역되어 2018년 기준 전 세계적으로 4억 5,000만 부가 팔렸다. 소설 『해리포터』를 시작으로 영화, 게임, 관광, 서비스 및 제조업 등 다양한 산업분야에 걸쳐 파생상품들이 만들어졌다. 『해리포터』는 '세계에서 가장 빨리 팔린 책', '성경 다음으로 가장 많이 팔린 책' 등의 수식어를 남겼으며, 『해리포터』 시리즈가 책으로 완결된 시기까지의 판매액이 같은 기간 우리나라 반도체 수출 총액보다 더 많은 금액이었다고 한다. 이처럼 매력적인 문화콘텐츠는 사회 · 문화적 효과뿐 아니라 경제적인 파급효과도 매우 크다는 것을 보여주고 있다.

소설에서 시작한 해리포터는 영화, 게임, 캐릭터상품은 물론 스튜디오 및 테마파크 등 OSMU의 대표적인 성공사례 중 하나이다. 관광지 활용사례로 해리포터 영화 세트와 소품으로 조성한 영국 런던에 있는 워너브라더스(Warner Brothers)의 해리포터 스튜디오가 대표적이다. 그 밖에, 미국 올랜도에 위치한 아일랜즈 오브 어드벤처(Islands of Adventure), 플로리다주 올랜도의 유니버설 스튜디오(Universal Studio Florida), 일본 오사카의 유니버설 스튜디오(Uiversal Studio Japan), 캘리포니아주 LA에 위치한 유니버설 스튜디오 할리우드(Universal Studio Hollywood) 순으로 해리포터 존(zone)이 개장되었다. 영화 속 모습을 놀이공간으로 구현하여 관광자원화한 것이다.

영국 런던의 해리포터 스튜디오에는 주인공들이 영화 촬영 당시 입었던 의상과 소품이 진열되고, 영화 속 공간과 장면을 재현해서 마치 관람객 자신이 영화 속에 있는 듯한 느낌을 가질 수 있도록 연출했다. 마법학교에서 모든 학생들이 모여 식사한 공간, 9와 3/4 플랫폼, 마법가루를 만드는 공간, 자동차 추락장면과 마법사들이 날아다니는 장면을 촬영한 특수효과를 보여주는 등 영화와 관련된 다양한 볼거리를 제공하고 있다.

또한, 영화에 나오는 버터맥주를 맛볼 수 있어서 많은 방문객들이 이곳에서 무알코올 버터맥주의 독특한 맛을 경험하고 싶어한다. 이러한 수요를 반영해서 버터맥주는 상품으로도 출시되어 유통되고 있다. 영화 속에서 주인공들이 마셨던 음료에 대한 관심이 일반 상품 출시로 이어지게 된 것이다.

그 밖에도 해리포터의 캐릭터상품인 마법 지팡이, 마법학교 문양이 새겨진 배지(badge) 및 방석, 티셔츠 등 다양한 제품들이 여전히 팔리고 있다. 소설『해리포터』는 전 세계적으로 인기를 얻게 되면서 영화, 게임, 테마파크, 뮤지컬, 캐릭터상품 등 다양한 영역으로 활용되어 많은 부가가치를 일으킨 OSMU의 대표적인 사례이다.

반지의 제왕

OSMU의 다른 대표적인 사례로 〈반지의 제왕〉을 들 수 있다. 영국의 작가 톨킨이 북유럽 신화를 바탕으로 쓴 소설 『반지의 제왕』을 영화화하여 2001년 12월부터 1년 간격으로 개봉한 영화 〈반지의 제왕〉 3편이 모두 세계 박스오피스 10위 안에 드는 흥행을 기록했다. 영화가 전 세계적으로 흥행에 성공하면서 영화의 무대가 된 뉴질랜드의 영화 촬영지는 세계적인 인기 관광지로 떠오르게 되었다. 전 세계의 영화팬들은 촬영지 방문을 위해 뉴질랜드를 찾아오게 되었고, 그에 따른 관광수입으로 큰 경제효과를 일으켰다.

영화 제작의 기획단계에서부터 영화촬영팀에게 뉴질랜드 정부차원의 지원이 약속된 것은 주목할 만하다. 기획단계에서 영화촬영 지원은 물론 영화 제작비용에 대한 세금 경감 및 행정적 지원을 위해 행정부 내 전담부서를 설치하였고, 투자청, 관광청, 무역진흥청, 영화진흥청의 4개 기관이 협력하였다. 영화 제작비의 12.5%를 되돌려주고, 촬영지가 사유지인 경우 정부가 땅주인과 협상하여 최대한 촬영 당시의 모습을 유지하도록 하였다. 촬영지에 관광객들이 찾아올 것을 미리 예상하고 촬영지의 관광자원화를 위해 사전작업을 시행한 것이다.

뉴질랜드 정부는 영화 〈반지의 제왕〉 홍보비로 1,870만 달러를 지출하였다. 영화 홍보가 바로 뉴질랜드 홍보로 자연스럽게 연계되기 때문이다. 영화 촬영지 홍보자료를 제작하기도 했다. 영화촬영 과정에 관한 스케치 자료(영화 촬영하는 장면의 사진, 감독 및 배우들 인터뷰 등)를 활용한 촬영지 여행안내 책자를 제작하여 판매했는데, 뉴질랜드 내에서만 9만 부 이상이 팔렸다고 한다. 영화 〈반지의 제왕〉의 팬들은 촬영지 안내 책자를 구입해서 영화 촬영지 곳곳을 찾아가 영화의 감동을 직접 느끼고자 하였고, 영화를 촬영했던 농장은 전 세계의 관광객들이 찾아오는 관광명소로 자리를 잡았다. 호빗마을의 배경으로 사용된 마타마타 농장은 영화 개봉 이후 사유지를 개방하여 관광객들에게 입장료를 받으며 운영하고 있다.

스케일이 큰 영화인 만큼 촬영기간은 15개월 동안 이뤄졌으며, 2만 명의 직접 고용효과가 발생하였다. 총 제작비가 2억 8,000만 달러에 달했으며, 이 중 뉴질랜드에서 지출된 금액은 고스란히 뉴질랜드 경제에 활력이 되었다. 영화 개봉 후 2002년에 뉴질랜드 외래관광객이 처음으로 200만 명을 넘어서게 되었고(이 당시 뉴질랜드의 인구는 390만 명 수준이었음), 꾸준한 증가세를 기록하여 2015년에는 300만 명을 돌파하였다. 영화가 개봉되고 꽤 오랜 시간이 지났지만 여전히 뉴질랜드를 방문하는 관광객 중적지 않은 비중이 영화 〈반지의 제왕〉 촬영지를 방문하고 있다. 뉴질랜드의 대자연을 배경으로 촬영된 영화 덕분에 뉴질랜드가 막대한 경제적 파급효과를 얻게 되어 이를 영화 속 주인공 이름을 따서 '프로도 경제효과(Frodo Economy Effect)'라 부른다.

뉴질랜드 관광청 홈페이지에는 여전히 〈반지의 제왕〉 촬영지를 홍보하고 있으며, 영화감독과 배우들의 인터뷰와 함께 영화촬영 당시의 모습을 담은 사진, 관광지로 변모한 촬영지와 이곳에서 즐길 수 있는 다양한 활동을 홍보하고 있다.

영화 촬영지를 관광자원화한 마타마타 농장

"처음 호빗마을에 왔을 때의 느낌은 결코 잊지 못할 것 같아요. 옛것과 과거에 대한 그리움 같은 감정이 물밀듯이 솟아났어요."

배우 일라이자 우드(프로도 역)

"뉴질랜드에 매료되지 않을 수 없다."

배우 이언 매켈런(간달프 역)

파리의 노트르담 & 레미제라블

〈파리의 노트르담〉은 1831년 파리 노트르담 대성당을 주제로 한 빅토르 위고의 소설 『파리의 노트르담(Notre-dame de Paris)』을 바탕으로 1998년에 각색되어 파리에서 뮤지컬로 무대에 올려졌다. 이전에는 런던이나 뉴욕이 뮤지컬로 명성이 높았는데, 〈파리의 노트르담〉 공연 이후 프랑스 뮤지컬이 세계의 주목을 받는 계기가 되었다.

뮤지컬 〈파리의 노트르담〉의 파리 초연 이후 2년간 600회의 공연으로 200만 명의 관객을 동원하며 프랑스 국민 뮤지컬로 떠오르게 되었다. 그 후에 노트르담 대성당은 파리 관광객들에게 꼭 가봐야 하는 관광명소가 되었고 공연관람이 파리 관광에서 주요한 활동이 되었다.

빅토르 위고의 또 다른 소설 『레미제라블(Les Misérables)』은 연극과 영화, 뮤지컬 등 다양한 형태로 제작되어 전 세계인들의 사랑을 받고 있다. 이 중 뮤지컬이 유명하다. 원작 소설은 프랑스에서 성경 다음으로 많이 읽힌 소설로 알려지기도 했으며, 『장발장』이라는 동화로 더 친숙하다. 주인공 장발장이 조카를 위해 빵 한 조각을 훔친 죄로 평생을 그 굴레에서 벗어나지 못하고 불행하게 산 인생의 여정을 그린 이야기다.

1980년 파리에서 초연된 뮤지컬 〈레미제라블〉은 전 세계 많은 국가에서 오랫동안 무대에 올려지는 세계 4대 뮤지컬 중 하나로 꼽히는 작품이 되었다. 2012년에 뮤지컬 형식으로 만든 영화 〈레미제라블〉이 여러 국가에서 개봉되며 큰 인기를 끌기도 하였다. 이 밖에, 국내에서는 발레공연으로 무대에 올려지기도 했다. 원작 소설의 이야기가 많은 사람들에게 감동을 줄 수 있는 보편적인 인간성을 다룬 이야기였기 때문에 다양하게 활용(multi use)될 수 있었다.

한편, 영화 〈레미제라블〉의 내용을 패러디한 동영상이 한동안 화제가 된 적이 있었다. 〈레 밀리터리블(Les Militaribles)〉이라는 이름으로 우리나라 공군에서 공개한 동영상 콘텐츠이다. 이 패러디 영상은 끝없이 오는 눈을 치우는 군인들의 제설작업이 얼마나 고된지를 영화 속 이야기를 패러디하여 위트있게 표현하였다. 폭설로 새벽부터 제설작업을 한 장발장에게 여자친구 코제트가 면회를 왔으나, 제설작업으로 인해 면회실에 늦게 도착했다. 복귀시간 때문에 면회시간은 10분밖에 주어지지 않고, 당직사관인 원칙주의자 자베르는 복귀를 명령하면서 제설작업의 임무와 사랑 사이에서 고민하는 장발장의 이야기를 뮤지컬 형태로 담았다. 영화 속 근로자들의 시위장면을 패러디하여 공군들이 제설작업의 어려움을 비장하게 노래로 토로하며 사람들의 흥미와 재미를 유발하였다.

최근 디지털 미디어의 이용이 일상화되면서 개인들이 알려진 이미지나 영상물을 변형하여 다양한 패러디물을 만들어내고 이를 즐기는 새로운 문화현상이 나타나고 있다. 기존의 문화콘텐츠가 기업이나 전문가들에 의해 생산되어 대중에게 일방적으로 전달되던 방식에서 디지털 미디어의 확산으로 개인들이 문화콘텐츠의 생산자로 떠오르게 되었다. 이들은 자신들만의 독창적인 콘텐츠를 생산하기도 하지만 기존의 유명 콘텐츠를 재구성, 변형함으로써 새로운 의미나 가치를 창출하기도 한다. 이러한 현상은 일명 '패러디 문화'라 불리며 대중들에게는 흥미와 재미를 제공하며 여러 영역으로 확대되고 있다.

아기공룡 둘리

국내의 대표적인 만화 〈아기공룡 둘리〉는 오랫동안 많은 사랑을 받으며 다양한 OSMU 상품을 파생시킨 대표적인 문화콘텐츠라고 할 수 있다. 1983년 『보물섬』이라는 만화잡지에 연재되어 당시 많은 인기를 끌었으며 나중에 단행본으로 출판되었다.

청소년 및 어린이들의 인기에 힘입어 애니메이션으로 제작되어 1987년 KBS에서 방영되기도 하였다. 이후에 둘리가 세계여행을 하면서 세계의 역사와 영어를 공부하는 내용을 만화로 제작한 〈둘리의 배낭여행〉도 출간되었다. 1996년 극장용 애니메이션 영화가 제작되었고, 2001년 뮤지컬 공연으로 무대에 올려졌다. 요즘은 어린이 대상의 다양한 뮤지컬 공연을 관람할 수 있지만, 그 당시에는 어린이들이 관람할 수 있는 뮤지컬이 드물었기 때문에 많은 관심을 받았다. '둘리' 캐릭터는 아이스크림, 학용품, 장난감 등 2,000여 종에 달하는 상품들이 만들어졌으며, 광고 모델 및 공익 캠페인 캐릭터로도 활용되었다.

1995년에는 둘리 캐릭터가 그려진 우표가 발행되었고, 영어 교육용 비디오 〈둘리의 배낭여행〉이 출시되기도 하였다. 이처럼 만화로 시작된 원 소스(One Source)가 여러 형태의 문화콘텐츠로 파생되어(Multi Use) 많은 부가가치를 창출한 국내의 선도적인 OSMU 사례이다.

또한, 둘리는 지역을 알리는 캐릭터 혹은 관광자원으로 활용되기도 했는데, 서울시 도봉구와 부천시 간에 둘리 캐릭터 활용을 위한 경쟁이 벌어진 적도 있다.

만화 〈아기공룡 둘리〉는 김수정 작가가 서울시 도봉구 쌍문동에 거주하는 동안에 그렸다. 만화의 주인공인 둘리가 빙하에 갇혀 떠내려 오다 발견된 곳이 도봉구 우이천으로 만화 속 공간이 작가가 살았던 쌍문동을 배경으로 그려졌다.

도봉구는 이러한 배경을 활용하여 도봉구 쌍문동을 둘리의 고향 혹은 거주지로 규정하고 둘리를 활용한 다양한 관광콘텐츠를 개발하였다. 2013년 '둘리와 함께하는 만화축제' 개최, 2015년 '둘리 뮤지엄' 설립, 둘리 캐릭터를 활용한 유아숲 체험장 조성, 쌍문역사와 쌍문동 일대에 둘리 조형물 설치 등 도봉구 홍보캐릭터로 둘리를 적극 활용해 왔다.

한편, 부천시에서 만화도시를 표방하며 만화와 관련된 다양한 사업들을 펼쳐 왔다. 1998년부터 '부천 만화축제'를 개최해 오고 있으며, 만화박물관을 건립하고 '둘리거리'를 조성하여 대형 둘리 동상 및 관련 조형물을 설치하기도 했다. 2003년 만화산업 육성을 위해 부천시장의 도장이 찍힌 부천시 원미구 출신 1983년생 둘리 주민등록증을 만들기도 했다. 부천시는 『보물섬』에 처음 연재된 날인 1983년 4월 22일을 둘리의 생일로 삼아 둘리만의 고유한 주민등록번호를 만들어 도봉구 둘리와 다른 주인공들을 가족관계등록부에 등록하고 발급할 수 있도록 했다.

이에, 도봉구는 2007년에 둘리 가족의 가장인 고길동을 중심으로 가족사항을 기록한 둘리 명예호적부를 발급해 어린이들에게 큰 인기를 끌었다. 만화에 나오는 고길동의 양자로 입양되었다는 것을 표기한 가족관계등록부를 만들어 도봉구 홈페이지에서 무료로 발급받을 수 있도록 했다. 도봉구는 둘리의 등록기준지를 쌍문동으로 지정하여 둘리의 고향이 도봉구임을 확인시키고자 한 것이다. 이후에도 도봉구는 아기공룡 둘리 캐릭터를 활용해서 관광자원화하기 위한 노력을 꾸준히 펼치고 있다.

아기상어

"아기상어 뚜루뚜루뚜~~", 중독성이 강한 노래 아기상어가 전 세계인들에게 불리면서 빌보드 차트 1위, 유튜브 누적 조회수 1위를 기록하기도 했다. 이 곡은 원래 미국에서 불리던 동요 챈트(chant)인데, 국내의 한 교육콘텐츠 회사에서 '아기상어'라는 캐릭터를 만들고 좀 더 리듬감 있게 편곡한 노래에 맞춰 율동하는 아이들 모습을 담은 동영상이 사람들의 관심과 흥미를 끌었다.

누구나 따라 부르기 쉬운 중독적인 멜로디는 전 세계로 널리 퍼지며 아이들뿐 아니라 성인들도 따라 부르게 되었다. 아이들에게 친숙한 콘텐츠가 되었음은 말할 것도 없다. 동영상과 멜로디가 많은 인기를 끌게 되면서 뮤지컬 공연, 가방, 시리얼, 치약 및 칫솔 등 다양한 캐릭터상품, 심지어 신용카드 출시까지 여러 가지 콘텐츠로 파생되었다. 그리고 이를 제작한 회사는 〈아기상어〉 성공에 힘입어 연관된 캐릭터상품, 교육콘텐츠 등을 수출하게 되었다.

앞에서 다뤘던 소설이나 만화의 원작 사례와는 달리 캐릭터가 등장하는 노래가 원 소스라는 점에서 특별한 사례라고 볼 수 있다.

뽀로로

〈뽀롱뽀롱 뽀로로〉는 2003년 애니메이션 회사인 아이코닉스와 EBS가 공동 제작한 유아용 애니메이션으로 TV에서 방영되면서 국내에서 알려지기 시작했으며, 여러 해외국가로 수출되어 전 세계 어린이들로부터 많은 사랑을 받게 된 우리나라의 대표 애니메이션이다.

200개가 넘는 국가에서 〈뽀롱뽀롱 뽀로로〉가 방영되었고, 영화와 뮤지컬로 제작되었다. 그리고 유아용 출판물 및 문구류, 생활용품 등 다양한 상품으로 제작 · 판매되었으며, 테마파크도 조성되었다.

국내에는 주로 실내형 뽀로로 파크 14개점, 실내외 공간으로 조성된 뽀로로앤타요 테마파크 제주가 운영되고 있다. 해외에는 2014년 중국 베이징에 뽀로로 파크가 개장된 후 9개로 늘어났으며, 싱가포르 등에서도 뽀로로 파크가 개장되었다.[1] 뽀로로 파크는 뽀로로 캐릭터로 꾸며진 놀이시설 및 다양한 체험존으로 조성되어 있어서, 뽀로로와 함께 놀며 뽀로로 열차를 타고 이동하고 뽀로로 공연을 보며 캐릭터와 함께 춤을 추는 등의 다양한 활동을 즐길 수 있다.

리조트에서도 뽀로로 캐릭터가 활용되고 있다. 경주의 한화리조트에 뽀로로 아쿠아빌리지가 생기면서 아동을 동반한 부모들의 방문이 이어지고 있다. 거제도의 한화리조트 벨버디어에도 뽀로로 테마객실과 뽀로로 놀이시설을 갖춰 놓았다. 필리핀 세부의 한 호텔도 뽀로로 객실을 마련해 놓았다. 이처럼 TV 애니메이션으로 시작한 콘텐츠가 캐릭터상품, 뮤지컬, 테마파크, 리조트, 테마 객실 등의 다양한 영역에서 활용되고 있다.

만화 〈아기공룡 둘리〉, 애니메이션 〈뽀롱뽀롱 뽀로로〉의 캐릭터가 관광자원으로 활용될 수 있다는 것을 실제 사례를 통해서 알 수 있다.

일본에서의 만화는 단지 어린이나 젊은 층만의 전유물이 아니라 중장년층 및 노인층을 포함해 전 연령대가 즐기는 특징을 가진다. 그래서 일본에서는 만화 캐릭터를 활용한 다양한 산업이 일찍부터 발전하였다. 이와 관련하여 만화 캐릭터를 관광자원화한 대표적인 사례에 대해 살펴보고자 한다.

4. 문화콘텐츠의 관광자원화

일본 요괴마을

일본의 돗토리현 사카이미나토시는 만화 캐릭터로 인해 관광지로 떠오른 곳이다. 사카이미나토시는 인구 3만 5천 명에 불과한 작은 항구도시로 인구가 감소하고 쇠락해 가는 도시였다. 한 시청 공무원이 어떻게 하면 우리 마을에 사람들이 많이 찾아와서 활기를 띠게 할 수 있을까를 고민하기 시작했다.

당시 일본 전역에서 큰 인기를 끌었던 요괴만화 〈게게게의 기타로(ゲゲゲの鬼太郎)〉의 작가 미즈키 시게루가 이 지역 출신인 것에 착안하여 요괴 캐릭터로 거리를 조성하여 관광객들을 유인하면 어떨까 하는 생각을 하게 되었다. 우리나라에도 출시된 증강현실(AR: Artificial Reality) 게임 포켓몬고 속 캐릭터들도 그 만화의 요괴들을 본떠서 만든 것이다.

미즈키 시게루는 자신의 고향을 위해 기꺼이 자기 작품 캐릭터의 사용을 허락해 주었다. 그 공무원은 일간지에 '〈게게로의 기타로〉에 등장하는 요괴 캐릭터의 동상을 만들어 거리를 꾸밀 예정인데, 개인 후원을 받아서 동상을 제작하고 후원자의 이름을 요괴동상에 새겨주겠다'라는 광고를 했다. 예기치 않게 많은 사람들이 후원하겠다고 연락해 왔다. 이들의 후원으로 요괴동상을 제작해서 요괴거리를 조성하고, 마을 일대를 요괴 캐릭터로 꾸며서 도시 일대가 탈바꿈되기 시작했다.

도시가 변화되는 과정에서 요괴 캐릭터 때문에 밤에 마을을 다니기 무섭다는 민원도 발생하는 등 주민들의 반대도 있었다. 하지만 요괴마을로 알려져 관광객들이 늘어나기 시작하면서 쇠락하던 마을은 활기를 띠게 되었고, 자연스럽게 지역경제가 활성화되고 관광도시로서의 위상도 높아지게 되었다.

이에, 돗토리현은 사카이미나토시 인근에 있는 요나고(米子) 국제공항의 이름에 요괴만화의 주인공 이름인 '기타로'를 넣어 '요나고 기타로 공항'으로 바꾸고, '만화 왕국 돗토리'라는 슬로건을 내걸어 적극적인 지역홍보를 펼쳤다.

이후에 요괴 동상은 거리 곳곳에 세워져 177개로 늘어났고, 매년 200~300만 명의 관광객들이 찾아오는 관광명소로 변하게 되었다. 만화 원작의 요괴라는 흥미로운 캐릭터를 소재로 지역 관광자원화에 성공한 사례이다.

별에서 온 그대 & 도깨비

많은 인기를 모은 드라마나 영화, 뮤직비디오 같은 대중적인 문화콘텐츠의 촬영지로 알려지면 많은 사람들이 방문하게 된다. 특히, 대중적인 인기를 끈 드라마 촬영지가 여행지로 부상하는 일은 흔히 접할 수 있다. 이러한 현상이 본격적으로 나타난 것은 드라마 〈겨울연가〉(2002)에서 시작되었다고 볼 수 있다. 드라마 〈겨울연가〉의 일본 방영(2003) 이후 일본 관광객들이 춘천의 준상이네 집, 남이섬 등 드라마 촬영지를 방문하게 된 것이다. 당시 드라마가 해외 관광객의 방문으로 이어질 수 있다는 것을 처음으로 경험했다. 이후에 한국 드라마가 아시아 국가들을 중심으로 인기를 얻으면서 중국인을 비롯한 동남아시아 국가에서 온 방문객들이 국내의 드라마 촬영지를 찾아오게 되었다.

대표적인 한류 드라마라고 할 수 있는 〈별에서 온 그대〉(2013)와 〈도깨비〉(2016)의 촬영지에 수많은 국내외 관광객들이 방문했다. 드라마 〈별에서 온 그대〉 속 주인공 도민준과 천송이가 시상식에서 갑자기 사라진 후 동백꽃이 피어 있는 숲에 나타나 순간이동을 하는 장면이 있었다. 동백꽃 숲이 있던 촬영지는 '장사도'라는 섬인데 통영에서 배를 타고 가야 하는 곳이다.

드라마 방영 이후 중국인들이 장사도를 찾아오면서 유명세를 치르기도 했다. 내국인들도 찾아가기 어려운 곳에 중국 관광객들이 방문한 것이다. 또한, 드라마 속 도민준의 강의실로 촬영되었던 인천대학교까지 중국 관광객들이 찾아가기도 하였다. 송도의 석산, 인천 시립박물관이 드라마 촬영지로 사용되었는데 덕분에 2016년 인천시는 중국의 대규모 인센티브여행 단체 관광객을 유치하기도 했다. 그 밖에 드라마 속에 나왔던 가평 쁘

띠프랑스, 파주 프로방스도 널리 알려지는 계기가 되었다.

드라마 〈도깨비〉의 타이틀 영상 촬영지였던 강릉의 영진항에 위치한 방파제는 드라마 속에 여러 번 등장하며 시청자들에게 이미지가 각인된 공간이다. 드라마 종영 직후 방문객들이 이 곳을 방문하여 드라마 속 주인공처럼 포즈를 취하고 사진을 찍기 시작했다. 드라마 속 장면에 등장한 소품인 꽃, 빨간 목도리, 우산 등을 유료로 대여해 주는 상인이 등장하기도 했다.

이곳은 드라마 촬영 전에는 잘 알려지거나 관광객들이 찾는 곳이 아니었다. 드라마로 인해서 관광객들로 북적거리는 곳으로 변모하게 된 것이다. 방문객이 찾아오자 드라마 촬영지임을 알리는 안내판이 설치되고 주변에 카페도 들어섰다. 시간이 지나면서 예전만큼은 아니지만 적지 않은 사람들이 여전히 이곳을 방문하여 드라마 〈도깨비〉의 여운을 느끼고 있다.

인천에서도 〈도깨비〉의 주요 장면들이 촬영되었는데, 도깨비 김신이 책 읽는 장면을 촬영한 동구 금곡동 배다리 헌책방거리의 '한미서점', 김신이 지은탁에게 검에 얽힌 비밀을 밝힌 '청라 호수공원' 등이다. 드라마 방영 직후 이곳에 많은 사람들이 방문하였으며, 인천시와 인천관광공사에서도 촬영지와 주변 상점을 연계한 테마 코스를 만들어 '인천 도깨비 여행'을 홍보하기도 했다.

그 외에, 고창의 청보리밭과 캐나다의 퀘벡여행상품도 드라마 덕분에 알려지며 많은 방문객들이 찾았다. 대중적 인기를 모은 한 편의 드라마가 촬영지 곳곳을 인기 관광지로 만들어 놓은 것이다.

사람들은 흥미로운 드라마 속 이야기에 몰입하게 된다. 흥미로우면서도 로맨틱한 사랑 이야기라면 더욱 그렇다. 이야기 속에 나를 대입해 보며 주인공이 느낀 감정을 공유한다. 자신이 드라마 속 주인공이 되고 싶은 감정이 촬영지로 발길을 이끄는 것이다. 실제로, 우리나라 국민 10명 중 8명은 영화나 TV 프로그램 촬영지 방문을 희망하고, 6명은 방문 경험이 있다는 조사 결과가 있다.[2]

대중적 인기를 끈 드라마의 촬영지가 관광지로 부상하며 많은 관광객이 찾게 되자, 일부 지자체는 흥행에 성공할 만한 드라마의 촬영을 유치하기 위해 드라마 촬영 세트장을 짓거나, 제작 지원을 하는 등 다양한 노력을 기울이고 있다. 지역의 곳곳이 드라마를 통해 노출되면 자연스럽게 지역을 알릴 수 있으며, 관광객 유입을 통해 지역경제에도 도움이 되기 때문이다. 하지만 영화나 드라마 촬영지 관광은 수명이 그리 오래가지 않는 경우가 대부분이다. 기존의 드라마 속 흥미로운 이야기를 대체할 새로운 영화나 드라마가 계속 나오기 때문이다.

여수 밤바다

대중가요가 관광으로도 연계된 사례 중 대표적인 곳은 '여수 밤바다'의 주인공 '여수'이다. 버스커 버스커의 노래 '여수 밤바다'를 듣고 실제 여수 밤바다를 보기 위해 많은 젊은이들이 찾게 되었다고 해도 과장은 아닐 것이다.

2012년 '여수 엑스포' 개최로 여수가 전국적으로 알려지는 계기가 되었으나, 감성적인 대중가요가 사람의 마음을 움직여 여수로 발걸음을 이끌게 했다. 낭만적인 멜로디의 노래를 듣고 여

여수의 밤풍경

수 밤바다의 분위기를 직접 느끼고 싶어서 방문하게 된 것이다. 여수 밤바다를 배경으로 펼쳐지는 음악공연뿐 아니라 음식 맛으로도 유명한 지역인 만큼 밤바다 분위기를 살리는 포장마차 거리를 조성하였다. 각각 '낭만 버스킹', '낭만포차'로 이름을 붙여 '낭만'으로 브랜딩하였다. 노래의 감성을 활용한 것이다.

이 밖에, 여수시는 관광상품으로 불꽃축제, 낭만버스투어, 심야 야경투어 등 관광콘텐츠 개발에 적극 노력하였다. 보다 풍성하고 낭만적인 여수 밤바다의 볼거리를 만들기 위해 수산물 특화시장, 돌산공원, 자산공원, 종화동 등에 야간경관 확충을 위한 예산지원도 아끼지 않았다.

그 결과, 2015년부터 여수 관광객 수가 1,300만 명을 넘어 2017년에는 1,500만 명으로 집계되었다. 당시 전국 도시 기준으로 방문객 수 1위 기록을 달성한 것이다. 대중가요가 지역관광 활성화를 이끌 수 있다는 것을 보여준 대표적인 사례라고 할 수 있다.

4장

관광 스토리텔링

4장

관광 스토리텔링

관광에서 스토리는 관광지의 가치를 높이고 방문객들의 관심과 흥미를 유발할 수 있다. 따라서 관광지 마케팅에 있어서 스토리는 중요한 요소가 된다.

더 중요한 것은 이 스토리를 어떻게 전달해서 잠재방문객들이 찾아오고 싶은 곳으로 만드느냐 하는 것이다. 스토리가 대중들이 관심을 가질 만한 것이라면 유리할 것이다. 누구나 관심을 가지는 감동적인 사랑 이야기나, 어떤 비극보다 더 비극적인 일이 실제로 일어난 곳이라면 자연스럽게 사람들의 관심을 이끌어낼 수 있을 것이다. 수려한 자연풍광이나 유서 깊은 역사유적지가 아니어도 흥미로운 이야기로 사람들을 매료시킬 수 있다면 관광객들이 찾아올 수 있다는 것이다.

우리나라의 관광자원은 해외의 관광강국과 비교하면 자연경관이 수려하거나 문화유산이 풍부하다고 보기 어렵다. 호주나 뉴질랜드의 광활한 자연풍광과 견주어보면 우리의 자연경관이 그다지 매력적이지 않을 수 있으며, 중국의 자금성에 비교하면 우리의 경복궁은 소박한 규모이다. 그렇다면 우리는 어떻게 해야 할까? 바로 스토리에 답이 있다. 우리만의 고유한 스토리를 매력적으로 보여주는 스토리텔링을 통해 관심과 흥미를 유발해야 한다.

덴마크 코펜하겐의 인어공주 동상은 많은 방문객이 찾는 명소이다. 하지만 건너편에 공장이 보이는 물가에 78cm 높이의 작은 인어상이 덩그러니 놓여 있다. 이곳을 방문한 많은 사람들은 기대보다 볼거리가 없어서 실망스러워 한다. 하지만 여전히 많은 사람들이 인어상을 찾는다. 그 이유는 전 세계인들이 아는 안데르센의 동화『인어공주』이야기 때문이다. 다시 말해, 우리에게 잘 알려진『인어공주』라는 허구의 이야기 속 주인공을 현실에서 보고 만질 수 있는 상징물로 구현했기 때문이다. 사람들은 '인어공주 동상을 보러 간다 = 인어공주를 보러 간다'고 믿는 것이다. 허구의 이야기를 관광자원화하기 위해서는 이야기를 상징할 수 있는 조형물이나 공간을 필요로 한다. 이러한 맥락에서 관광 스토리텔링의 대표적 성공사례라고 할 수 있는 이탈리아의 베로나 '줄리엣의 집'을 통해 관광 스토리텔링이 가져올 수 있는 효과에 대해 알아보도록 하자.

1. 줄리엣의 집

관광대상에 스토리를 입혀 새롭게 관광자원으로 창조한 대표적인 사례로 이탈리아 베로나(Verona)시에 위치한 '줄리엣의 집(Casa di Giuiletta)'을 들 수 있다. '줄리엣의 집'은 전 세계인들이 아는 셰익스피어의 희곡 〈로미오와 줄리엣〉의 주인공인 '줄리엣'이 마치 실제 살았던 것처럼 공간을 연출해서 관광지로 창조해 낸 곳이다.

희곡 〈로미오와 줄리엣〉은 이탈리아 베로나의 원수 집안 아들과 딸이 사랑에 빠지고, 결국 둘 다 죽게 되지만 두 가문은 이를 계기로 화해하게 된다는 비극적인 사랑 이야기이다. 많은 사람들은 〈로미오와 줄리엣〉을 죽음도 불사한 '불멸의 사랑이야기'로 기억하고 있다.

원수 집안, 사랑, 죽음, 가문의 화해로 그 스토리가 강력했기 때문에 이 희곡은 연극, 영화, 오페라, 발레, 뮤지컬, 교향곡, 대중음악 등 다양한 형태로 제작되었다. 그중, 많은 사람들은 대중적인 매체인 영화로 이 이야기를 떠올린다.

1968년 개봉한 영화 〈로미오와 줄리엣〉에서 줄리엣을 연기한 배우 올리비아 핫세는 청순하고 아름다운 외모로 많은 남성들의 마음을 사로잡았다. 1996년에는 이야기를 현대적 배경으로 각색하여 제작한 영화가 개봉되었는데, 레오나르도 디카프

리오가 로미오로 연기하며 배우로서 인기를 얻게 된 작품이 되었다.

베로나시는 이탈리아 북쪽 밀라노와 베네치아 사이에 위치한 곳이다. 로마시대의 아레나 원형극장이 보존되어 있으며 이곳에서 매해 여름 개최되는 오페라축제로 잘 알려진 도시이다. 또한, 베로나시는 셰익스피어 몇몇 작품의 공간적 배경으로 등장했는데 그중 대표적인 것이 〈로미오와 줄리엣〉이다. 하지만 많은 사람들이 그 사실을 잘 알지 못했다.

이 점에 착안하여 베로나시는 작품 속 이야기를 현실에서 경험할 수 있는 공간으로 만들어 관광자원화를 추진하였다. 작품 속 분위기를 느낄 수 있도록 13세기경에 지어진 건물을 찾아 줄리엣이 살았을 법한 공간으로 꾸며 '줄리엣의 집'이라고 이름을 붙였다.

줄리엣의 집 내부에 줄리엣이 착용했을 법한 의상이나 장신구 등의 소품들로 장식하여 마치 줄리엣이 살았던 곳으로 믿을 수 있도록 공간을 연출했다. 이곳에 있는 줄리엣의 침대는 1968년 개봉한 영화 〈로미오와 줄리엣〉 속 줄리엣의 침대로 촬영소품으로 사용된 것이다. 그리고 2층에 위치한 줄리엣의 방과 연결하여 발코니를 만들었다.

이 발코니는 특별한 의미를 갖고 있다. 연극이나 영화에서 〈로미오와 줄리엣〉을 상징하는 대표적인 장면 중 하나인 로미오

줄리엣의 집 발코니

가 줄리엣의 집에 찾아가 2층에 있는 줄리엣에게 '오 ~ 창문을 열어다오'라고 하며 구애하는 장면을 연출하기 위해 줄리엣의 방에 연결된 발코니를 만들었다. 줄리엣의 집을 찾아 온 관광객들이 그 발코니에서 영화 속 장면을 떠올리며 자신들이 로미오와 줄리엣이 되어보는 경험을 할 수 있도록 공간을 배치한 것이다.

마당에는 줄리엣 동상을 세웠다. 언젠가부터 '줄리엣 동상의 오른쪽 가슴을 만지면 사랑이 이뤄진다'는 이야기가 알려지면서, 이곳을 찾아 줄리엣 동상의 오른쪽 가슴을 어루만지며 사랑을 기원하는 모습을 담아 인증사진을 찍는 연인들로 문전성

줄리엣 동상과 관광객

시를 이루게 되었다. 수많은 방문객의 손길 덕에 줄리엣 동상의 오른쪽 가슴은 반질거린다.

줄리엣의 집을 방문한 연인들은 줄리엣의 방에 연결된 발코니에 서서 마치 자신이 작품 속 주인공이 된 듯 포즈를 취하며 기념촬영도 하고, 줄리엣 동상의 오른쪽 가슴을 만지면서 로미오와 줄리엣처럼 '불멸의 사랑'을 기대하는 것이다. 허구의 인물인 줄리엣이 실제로 이 집에서 살았을 리 없지만, 현실 속 공간의 연출로 스토리텔링함으로써 베로나시는 '로미오와 줄리엣'의 도시, 즉 '사랑의 도시'로 변모하게 되었다.

줄리엣의 집에 들어가기 위해 지나는 통로의 양쪽 벽면은 방문객들이 남긴 낙서와 쪽지들로 가득 채워져 있다. 언젠가부터 줄리엣의 집 방문객들은 자신의 사랑 이야기를 종이에 써서 벽에 붙이기 시작했고, 벽에 붙여진 다른 사람들의 이야기를 읽음으로써 자연스럽게 방문객들끼리 서로의 사랑 이야기를 나누게 되었다. 사랑을 맹세하는 연인들의 이야기부터 실연의 고통을 호소하는 사연들까지 방문객들 자신이 사랑 이야기의 주인공이 되어 서로의 이야기를 공유하며 공감하고 서로를 위로하는 소통이 이뤄지고 있다.

줄리엣의 집 담벼락에 붙여진 사랑의 쪽지

많은 방문객들이 사랑에 관한 걱정과 고민을 담은 글을 남기는 것에 착안하여, 줄리엣의 집에 '줄리엣에게 편지를 보내는 우체통'도 설치해 놓았다. 우체통에 방문객이 사랑에 관한 고민을 담은 편지를 보내면 줄리엣이 직접 답장을 해준다. 답장을 해주는 줄리엣은 베로나시의 지원으로 구성된 '줄리엣 클럽'의 '줄리엣의 비서들'이다. 이들이 줄리엣이 되어 편지의 주인공들에게 답장을 보내준다. 해마다 수천 장에 달하는 답장을 해주고 있다고 한다. 방문객들에 대한 이러한 세심한 응대는 마치 줄리엣이 실제로 존재한다는 느낌을 줄 수 있어서 줄리엣의 집에 대한 감성적 믿음을 높이는 역할을 한다고 볼 수 있다.

줄리엣의 집 방문객들이 남기는 사랑 이야기를 담은 쪽지와 줄리엣에게 보내는 편지에서 모티브를 얻어 미국의 한 영화사에서 〈레터스 투 줄리엣(Letters to Julliet)〉(2010)이라는 제목의 영화를 제작하였다.

이 영화 속 여주인공 소피(아만다 사이프리드)는 작가 지망생으로 이탈리아 여행 중 줄리엣에게 보내는 편지에 답장을 쓰는 일을 하게 된다. 줄리엣의 집 담벼락에 붙은 수많은 연인들이 남긴 쪽지들을 보다가 우연히 벽돌 뒤에 숨겨져 있던 50년 전에 써진 편지를 발견하게 된다. 어떤 여성이 남자친구에게 쓴 편지로, 남자친구와의 약속을 지키지 못한 채 떠나게 되어 미안하다는 내용을 담고 있었다. 소피는 그 낡은 편지를 쓴 여성을 찾아

첫사랑을 찾아보지 않겠냐는 내용의 편지를 보낸다. 백발의 할머니가 된 편지의 주인공은 50년 전에 떠나보낸 자신의 첫사랑을 찾기 위해 베로나로 찾아온다. 소피와 할머니가 50년 전 편지를 받지 못한 할머니의 첫사랑을 찾는 과정을 그리는 사랑에 대한 로맨틱한 이야기를 담은 영화이다. 이 영화는 줄리엣의 집 방문객들이 공유하는 사랑 이야기의 시간을 확장시키며 전 세계에 줄리엣의 집을 알리는 효과를 낳았다.

종종 도시가 관광홍보를 위한 수단으로 영화나 드라마 등 대중적인 문화콘텐츠의 제작을 지원하는 경우가 있다. 지원한 문화콘텐츠가 흥행에 성공하면 그 도시는 적지 않은 관광홍보 효과를 거두게 된다. 이는 관광객 유입으로 이어져 지역의 관광활성화를 도모할 수 있게 된다.

영화 〈레터스 투 줄리엣(Letters to Julliet)〉의 경우도 베로나시의 지원을 받아 제작되었으며 베로나시의 곳곳이 영화 속 장면에 등장한다. 이 영화를 인상 깊게 본 사람들은 영화 속의 공간을 방문하고 싶다는 생각을 하게 되지 않을까? 그렇다면 이것은 문화콘텐츠 스토리텔링의 효과라고 봐야 할 것이다.

베로나시는 성 프란체스코 수도원 지하에 '줄리엣의 무덤'도 만들어놓았다. 허구의 인물이 살았을 거라고 믿게 만드는 공간을 조성한 것에 그치지 않고, 실제 인물이었던 것처럼 무덤까지 만드는 이 상상력에 기반한 주도면밀함에 박수를 치지 않을 수 없다. 이러한 설정 덕에 줄리엣의 집을 찾은 많은 방문객들은 자신이 줄리엣의 생가를 방문했다고 믿는다.

포털사이트 검색창에 '줄리엣의 생가'로 검색해 보면 베로나시 줄리엣의 집과 관련한 내용들이 적지 않다. 줄리엣의 집 방문객들이 줄리엣의 생가를 방문했다고 후기를 올린 것이다. 줄리엣의 집 스토리텔링이 성공적이었다는 것을 이 대목에서 확인할 수 있다. 적지 않은 방문객들이 줄리엣의 집에 실제로 줄리엣이 살았다고 믿게 하는 데 성공했기 때문이다. 이성적으로 생각해 보면 줄리엣이 실존 인물이 아니라는 것을 쉽게 알 수 있지만, 이곳 방문객들은 현실적 공간으로 표현된 스토리텔링을 통해 줄리엣이 실재했다고 감성적으로 믿게 된 것이다.

감성은 이성보다 강력하다. 이들은 자신이 방문한 곳에 줄리엣이 실제로 살았다고 믿고 싶은 것이다. 베로나시가 관광객을 유인하기 위해 인위적으로 만든 공간이라 믿고 싶지 않은 것이다. 아마도 이들은 자신이 방문한 곳에 특별한 의미가 있다고 믿고 싶기 때문이 아닐까?

2. 관광 스토리텔링의 개념

관광에서의 스토리텔링은 관광지에 얽힌 스토리를 사람들의 관심과 흥미를 불러일으킬 수 있도록 텔링(표현)하여 관광객을 유인하는 것이 목표이다. 관광지에 얽힌 매력적인 이야기를 효과적으로 전달함으로써 관광객의 감성을 자극하여 방문을 유도하고자 하는 것이다.

관광지에서 흔히 볼 수 있는 안내판, 리플릿에서부터 조형물, 시청각 해설기기, 안내 애플리케이션에 이르기까지 관광지의 스토리를 전달하는 수단은 다양하다. 하지만 안내판이나 리플릿 등을 통한 스토리텔링과 노련한 문화관광해설사의 생생한 목소리로 전달받는 것은 다를 것이다. 그 외에 스토리에 기반한 체험 프로그램, 공연이나 재현 프로그램도 스토리를 전달하는 효과적인 수단이 된다.

문화관광해설사의 안내해설을 통해 전해 듣는 역사 이야기, 안내판이나 안내 리플릿에 적힌 역사 속 흥미로운 이야기는 우리가 관광지에서 쉽게 접하는 관광 스토리텔링이다. 하지만 관광개발 시각에서의 관광 스토리텔링은 '어떠한 공간과 관련된 스토리로 관광자원화한 것'으로 볼 수 있다. 산타클로스나 요괴 이야기로 마을을 꾸며 관광지로 만든다거나, 온달장군에 얽힌 이야기로 축제를 만든다거나 하는 것이다.

관광지가 아닌 평범한 곳도 관련된 스토리를 발굴하거나, 새롭게 창작하거나, 혹은 기존의 이야기를 보여줌으로써 새로운 관광지가 될 수도 있다.

핀란드 로바니에미의 산타클로스 마을은 산타클로스와 별 관련이 없는 곳이었다. 이곳의 지리적 위치가 북극선에 걸쳐져 있어 추운 겨울에 사슴이 끄는 썰매를 타는 산타클로스가 살았다고 하기에 좋은 여건이라는 것말고는 산타클로스와 아무런 관련이 없다. 진짜 산타클로스는 터키인으로 전해지고 있다. 하지만 이 마을에 산타클로스 마을이 조성되고 점차 알려지면서 이제는 전 세계인들이 찾아오는 관광명소가 되었다.

국내외의 많은 곳에서 공간에 얽힌 스토리를 활용하여 조형물, 벽화, 전시 등의 볼거리, 공연, 체험 프로그램 같은 즐길거리, 그 외에 음식이나 음료 등의 먹거리, 기념품 등 다양한 관광콘텐츠를 만들어 제공한다. 이러한 관광 스토리텔링은 많은 관광지에서 쉽게 접할 수 있다.

그렇지만 관광 스토리텔링은 스토리 보여주기에 머무르지 않는다. 일방적인 스토리 보여주기를 넘어서서 방문객들과의 소통을 통해 다른 가치를 창출한다. 즉, 딘순히 스토리를 활용한 관광콘텐츠를 제공하여 보여주는 것에 머무르지 않고 스토리 대상(공간)과 스토리 청자(방문객) 간의 상호작용을 포함하는 넓은 개념이라는 것이다.[1]

최인호(2008)는 관광 스토리텔링이란 '관광지와 관련된 스토리와 그 관광지에 여러 가지 자원을 중심으로 관광지와 관련 정보, 체험을 공유하면서 하나의 공동 스토리를 만들어가는 과정이다'라고 정의했다.[2] 여기서 '공동 스토리'를 만들어가는 과정이라는 점에 주목할 필요가 있다. 즉 관광지에 대한 스토리가 있다 하더라도 그 스토리는 고정된 것이 아니라 관광객들의 체험에 따라 각자가 경험하는 스토리가 다르게 형성되며, 관광지의 스토리와 관광객들이 경험한 스토리들이 모여서 통합적인 스토리를 형성한다는 것이다.

앞서 언급한 방문객들과의 소통을 통해 창출하는 다른 가치가 바로 '공동 스토리', '통합 스토리'이다. 또한, 그는 이 과정에서 관광객, 관광지, 지역주민이 함께 참여해서 공유된 관광지의 스토리가 구성된다고 하였다. 이를 연극에 비유하여 무대는 관광지, 배우는 관광객, 대본은 이야기이며, 이 세 가지가 어우러져 하나의 큰 스토리를 형성하게 된다고 하였다.

하지만 현실적으로 관광지, 관광객과 지역주민이 함께 스토리를 만들어가는 관광 스토리텔링이 잘 실현되고 있는 사례는 그다지 많지 않다. 방문객들이 그 이야기에 자신을 대입하여 몰입할 수 있어야 하기 때문이다. 대부분의 관광지에서 이뤄지는 스토리텔링은 이야기를 관광자원화하여 보여주기에 그치는 수준에 머무르는 것이 현실이다.

줄리엣의 집 사례처럼 관광지, 방문객과 비방문객 간 상호 소통을 통해 스토리를 확장시켜 나가는 경우가 흔하지 않다. 하지만 관광지의 스토리텔링이 방문객들과의 소통을 통해 새로운 가치를 창출하기 위해서는 관광지의 스토리를 보여주는 것에 머무르지 않고 방문객이 참여하고 비방문객과도 소통하며 더 큰 스토리를 만들어갈 수 있어야 한다.

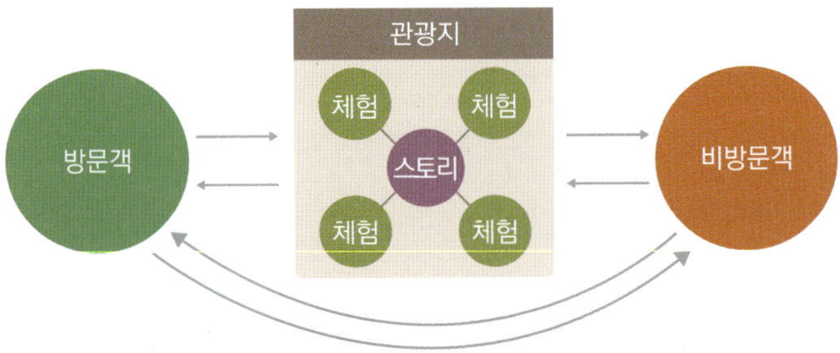

관광 스토리텔링 개념도

위에 제시된 관광 스토리텔링의 개념도를 줄리엣의 집 사례에 적용해 보면 다음과 같이 설명할 수 있다.

줄리엣의 집을 방문하지 않은 사람들은 이곳의 이야기에 대해 다양한 미디어나 주변인들의 관광경험을 통해 관련된 이야기를 알게 되고, 이 스토리의 체험거리에 대해 접하면서 이곳에 대한 매력을 느끼게 된다. 이후에 자신이 직접 관광지에 방문하게 되면 그 이야기를 직접 체험한다. 발코니에서 기념촬영을 하고 줄리엣 동상의 가슴을 만지며 사랑의 기원을 하거나 담벼락에 자신의 사연을 쪽지로 남기는 등 다른 방문객들이 체험하며 공유한 것을 자신도 직접 해보면서 스토리의 주인공 되어보는 것이다.

방문 후에는 지인들에게 자신의 경험을 직접 말로 전달하거나 여러 미디어에 사진을 포함한 방문 후기 등을 올려 다른 사람들과 공유하게 될 것이다. 이 과정을 통해서 로미오와 줄리엣이 주인공이 아닌, 이곳을 방문한 사람들이 주인공이 되는 이야기들로 확장된다.

방문 전 스토리를 창출하는 주체가 관광 대상(줄리엣의 집)과 기존의 방문객들이었다면, 방문 중에는 방문객 스스로가 스토리를 창출하는 주체가 되고, 방문 후에는 자신과 다른 방문객들의 이야기를 이곳을 방문하지 않은 사람들과 공유하게 된다. 관광 대상과 방문객, 방문객과 방문객 간, 방문객과 비방문객(잠재방문객) 간의 상호작용이 이뤄지게 되는 것이다. 이와 같은 상호작용이 원활하게 이뤄지기 위해서는 스토리를 일방적으로 보여주는 수준에 그치기보다는 관광객의 감성에 맞는 체험기반을 제공할 필요가 있다.

줄리엣의 집이라는 공간에서 줄리엣이 되어보는 감정을 느끼고, 자신의 이야기를 벽에 남기며 사랑 이야기의 주인공이 되어보고, 줄리엣에게 나의 이야기를 편지로 보내 줄리엣과 소통하는, 이러한 체험기반을 통해 관광지와 관광객들이 함께 '사랑에 관한 이야기의 소통'이라는 공동의 가치체계를 구축한 것이다. 이러한 과정을 통해 로미오와 줄리엣의 사랑 이야기가 방문객들의 이야기로 확장되어 가는데, 이것은 이상적인 관광 스토리텔링이라고 할 수 있겠다.

3. 관광과 스토리

지역 관광자원으로서의 스토리

앞서 언급했듯이, 관광지에 얽힌 흥미로운 이야기는 관광지의 매력도를 높여 많은 방문객을 유인하는 효과를 발휘한다. 관광 홍보마케팅에서 스토리텔링의 중요성에 대한 인식이 높아지면서 국가뿐만 아니라 지역자치단체에서도 '지역의 스토리를 어떻게 알려서 관광객을 유치할 것인가'를 고민하고 있다. 새로운 스토리를 발굴하여 알리기 위해 관광 스토리텔링 공모전을 개최하는 등 다양한 노력을 기울이고 있다.

지자체에서 이러한 사업을 시작하던 초기에는 '스토리텔링'과 '스토리텔링 마케팅'을 이해하지 못해서 시행착오를 겪기도 했다. '스토리텔링'이 중요하다고 하여 역사학자나 작가들이 지역의 민담이나 전설을 발굴하여 책으로 출간하거나 홈페이지에 올려 알렸지만 기대한 것만큼 관광객들이 늘지 않았고 별다른 영향이 없었다. 마케팅 개념이 도입되지 않은 스토리텔링에 머물렀기 때문이다.

하지만 관광 스토리텔링의 목적인 관광객 유치를 위해서는 이렇게 발굴된 스토리를 잠재 방문객들을 목표로 하여 인상적으로 알려서 이 지역을 오고 싶게 만들 수 있을지를 고민해야 한다. 역사학자나 작가가 아니라 스토리텔링에 능한 마케터가 필요한 것이다. 최근 지자체에서는 지역의 이야기를 활용하여 관광자원화하기 위해 시민들이 참여하는 스토리텔링 그림, 사진. 웹툰, 영상 등을 공모하는 등 다양한 시도를 하고 있다.

국내에서 스토리텔링 마케터로서의 경력을 쌓아온 정영선은 '스토리텔링'과 '스토리텔링 마케팅'의 차이에 대한 인식을 강조하며 스토리텔링 마케팅이라고 믿어 온 작업들이 사실은 스토리텔링 단계에 머물고 있어 마케팅까지 나가지 못하고 있음을 지적했다.[3]

또 스토리텔링 마케팅을 요리에 비유하며 요리사가 되기 위해 먼저 재료 고르는 것부터 배우고, 요리를 배우게 되는 것처럼, 스토리텔링 마케팅에서 스토리는 요리 재료이며 텔링은 요리법이라고 비유하며 스토리를 활용한 마케팅의 유효성을 강조했다. 많은 지자체들에서 재료와 요리법이 있지만 마케팅이 없다는 것이다. 음식을 만들어 팔기 위해 손님들의 입맛, 취향, 동선 등을 분석하여 마케팅하는 과정이 빠져 있기 때문에 '팔리는' 음식이 되지 못한 것이라고 강조했다.

그리고 뛰어난 요리사는 부족한 재료로도 멋진 요리를 만들어내듯이, 훌륭한 마케터는 어떤 음식으로도 시장과 고객의 성향을 잘 분석해서 판매해 낸다는 것이다. 따라서 스토리텔링 마케터는 작가로서의 역량과 마케터로서의 역량을 모두 갖춰야 한다고 지적하였다.

관광안내 리플릿과 안내판

일반적으로 관광지를 방문하면 관광안내소를 찾아 비치되어 있는 관광안내 리플릿을 통해 정보를 얻게 된다. 관광안내 리플릿에는 관광지에 대한 소개, 역사적인 배경이나 시설, 관람시간 및 운영시간 등 필수적인 정보를 담고 있다.

단순히 관광지에 대한 객관적 정보만을 담은 관광안내 리플릿보다 이곳에 얽힌 재미있는 이야기가 담긴 내용이 있다면 방문객들은 좀 더 관심 있게 읽어보게 될 것이다. 최근에는 방문객의 흥미를 이끌 수 있는 이야기를 담은 리플릿 제작이 다양하게 시도되는 추세이다.

관광안내판도 마찬가지이다. 일반적으로 역사 유적이나 문화재 앞에 설치된 안내판에 적힌 안내문은 딱딱한 역사정보와 문화재 전문용어들이 잔뜩 쓰여 있어 일반인이 이해하는 데 어려움이 있다. 그래서 안내판을 읽다가 포기하거나 아예 읽지 않는 경우도 적지 않다.

이러한 문화재 안내판에 관한 문제점들을 고려한 문화재청은 국민의 눈높이에 맞춰 알기 쉬운 내용으로 바꾸고, 국민이 알고 싶은 정보 중심의 유용한 안내문, 지역 고유의 역사문화

이야기를 흥미로운 안내문으로 바꿔 국민 누구나 안내판을 읽으면서 문화재를 관람하는 데 불편함이 없도록 정비해 나갈 계획을 세웠다. 그 일환으로 관광안내판의 내용을 일반인의 눈높이에 맞추기 위해 국민들이 만드는 〈문화재 안내판 안내문안 공모전〉을 실시하기도 하였다.[4]

관광안내 리플릿이나 안내판은 관광객들이 알고 싶어하는 내용을 다루고, 쉽게 이해할 수 있도록 구성하여 방문객의 흥미와 상상력을 불러일으킬 수 있는 스토리를 입혀야 한다. 흥미로운 이야기로 작성된 관광안내판이 전국적으로 확대된다면 방문객들이 관광지에 대해 더 잘 알게 하는 데 도움이 될 것이다.

문화관광해설사

관광에서의 공식적인 스토리텔러는 단연 문화관광해설사이다. 경복궁, 창덕궁, 덕수궁 등의 고궁이나 지역의 역사 유적지에 문화관광해설사가 배치되어 방문객들에게 전문적인 안내해설을 무료로 제공한다.

지역마다 여건이 다르지만 내국인뿐만 아니라 외국인들도 무료로 문화유산에 대한 문화관광해설사의 해설을 들을 수 있는 점은 큰 혜택이다. 프랑스나 이탈리아 등 해외 관광지에서 외국어 안내해설을 무료로 듣는다는 것은 상상하기 어려운 일이다.

관광진흥법에서 규정하고 있는 문화관광해설사는 '관광객의 이해와 감상, 체험 기회를 제고하기 위하여 역사 · 문화 · 예술 · 자연 등 관광자원 전반에 대한 전문적인 해설을 제공하는 자'라고 되어 있다.

문화체육관광부 혹은 지방자치단체에서 문화관광해설사를 선발하여 교육하고, 수습과정을 마친 뒤 문화관광해설사의 자격을 가질 수 있다. 2021년 7월 기준 166개 지역에 3,228명의 문화관광해설사가 활동하고 있다.[5] 대부분의 문화관광해설사는 자원봉사자로 활동하고 있으며, 지자체나 관련 기관에서 소정의 활동비가 제공되기도 한다.

서울스토리

매력적인 이야기는 관광지의 경쟁력이 된다. 사람들의 관심과 흥미를 유발하는 이야기가 있는 곳은 사람들의 발길을 이끌기 때문이다. 이야기의 중요성에 대한 인식이 높아지면서 서울시 및 인천시, 부산시 등의 각 지자체에서 지역의 이야기를 활용하여 해당 지역을 알리고 방문객들을 유인하려는 노력을 기울이고 있다.

서울시는 '서울스토리'라는 소셜미디어를 운영하고 있다. 서울스토리에서는 서울의 곳곳에 얽힌 이야기들을 소개하며 방문 코스 등을 제시하고 근처에서 무엇을 즐길 수 있는지도 소개하고 있다. '시인 이상의 집이 있는 골목', '종로 락희거리의 이발관 골목', '고종의 길을 걷다 정동길, 고종의 길'과 같이 서울시 골목에 대한 이야기를 소개하고, '자전거 타고 즐기는 한강의 여름밤', '이번 주말 당장 떠날 수 있는 서울 계곡 Best 5', '도룡뇽이 사는 1급수 물이 흐르는 세검정 계곡 숲길', '홍대에 앉아서 세계여행'과 같이 서울시에서 즐길 수 있는 여행콘텐츠를 알리고 있다.

또한, 서울에서 오래된 가게(일명 오래가게)를 소개하고 있는데, 오래가게는 30년 이상의 역사를 가지며 2대 이상 대를 이어가는 가게를 시민들의 추천을 받아 선정한다. '슈퍼에서 끓인 콩나물라면 신흥상회', '들어는 봤니? 인두파마 혜성미용실', '시간의 흐름을 셔터로 담다 미도사진관' 등 오래된 가게들을 이야기 형식으로 소개하고 오래가게와 연계된 투어코스를 소개한다. 서울시는 2018~2019년에 선정된 서울시 4개 구(용산구, 마포구, 서대문구, 은평구)의 오래가게를 엮은『오래가게 가이드북』을 제작하기도 하였다. 가게에 얽힌 이야기들을 테마별로 구분하여 흥미롭게 읽을 수 있도록 구성하였다.

그 외에 서울과 관련된 이야기를 소재로 웹툰, 웹드라마를 제작하기도 했다. 2017년 서울스토리 드라마 대본 공모전을 실시하여 당선작을 웹툰으로 제작하였으며, 서울의 스토리를 대상으로 한 영상 콘텐츠 제작에 시민들을 참여시키며 시민이 함께 만들어가는 서울의 스토리를 알리고 있다.

자신이 사는 동네 골목에 숨겨진 이야기를 관심 있게 보지 않으면 잘 모르고 지나치는 경우가 많다. 이야기는 관광활성화를 위해서만이 아니라 지역주민들에게도 의미를 가진다. 내가 사는 동네가 '이야기가 많은 동네'가 되면 나의 감성이 풍부해지고, 궁극적으로 내 삶이 풍요로워질 수 있을 것이기 때문이다.

서울도보해설관광[6]

서울시는 서울의 주요 관광명소를 서울문화관광해설사의 전문적인 해설을 들으며 도보로 탐방하는 '서울도보해설관광'을 운영하고 있다.

2003년부터 시작된 서울도보해설관광은 사전에 인터넷과 모바일 웹(dobo.visitseoul.net)에서 예약하면 누구나 무료로 참가할 수 있으며, 궁궐, 왕릉, 한옥마을, 성곽둘레길, 도시재생, 건축과 예술, 전통과 문화, 순례길 등 총 8개 테마로 분류하여 경복궁, 창덕궁, 북촌, 청계천, 남산성곽, 몽촌토성, 성균관 등의 40개 코스 및 서울시청사 통통투어 등 상설 운영 코스 4개를 포함하여 총 44개의 코스를 운영하고 있다.

한국어, 영어, 일본어, 중국어, 베트남어, 마인어[7], 태국어의 다양한 외국어와 수화로 해설하는 서비스를 제공하기도 한다. 이용객 대부분이 재참여 의사를 보이는 등 국내외 관광객의 많은 호응을 받고 있다.

다양한 도보해설관광 코스 중 〈세종대로 사람숲길〉은 가장 인기가 높은 관광코스로 서울의 상징적 공간인 광화문에서 시작하여 덕수궁, 남대문시장을 연결하는 조선의 건국과 근대역사 이야기를 담고 있는 코스이다. 〔광화문 광장 – 도로원표 – 서울도시건축전시관 – 서울마루 – 덕수궁 – 대한문 – 정동길 – 숭례문 – 남대문시장 – 서울로7017 – 서울로7017 여행자터미널〕의 여정을 문화관광해설사의 해설을 들으며 2시간 30분 동안 도보로 여행하는 코스이다.

추천코스로 제시되는 〈모던타임즈 인 정동〉은 빨간 벽돌의 근대식 건물이 남아 있어 개화기시대의 정취를 느낄 수 있으며, 러시아 공관과 외교 사절단이 머물던 손탁호텔이 있던 장소이자 일제의 압박으로 고통스러웠던 고종의 흔적이 남아 있는 코스이다. 〔서울도시건축전시관 – 서울특별시의회–대한성공회 서울 주교좌성당 – 양이재 – 고종의 길 – 러시아공사관 – 이화학당 – 손탁호텔터 – 정동제일교회 – 배재학당역사박물관 – 서울시립미술관 – 서소문별관 정동전망대〕 코스로 해설을 들으며 2~3시간 도보로 답사하는 여행이다.

〈세종대로 한글 가온 길〉 코스는 한글을 창제한 세종대왕과 한글을 지켜온 한글학회 및 주시경 선생의 집터 등 뜻깊고 재미있는 한글 이야기가 가득한 코스로 구성되어 있다. 〔세종대왕 동상 – 세종이야기 – 세종문화회관 – 세종 예술의 정원 – 한글학회 – 한글 가온길 새김돌 – 한글이야기 10마당벽화 – 주시경마당 주시경집터 – 한글글자마당〕의 코스로 답사하는 여행이다.

또한, 시청각 장애인 해설사가 직접 시청각 장애인 및 동반 관광객에게 서울의 역사, 문화 등 관광자원에 대하여 전문적인 해설을 무료로 제공하는 도보관광 프로그램도 운영하고 있다.

관광 스토리텔링

5장

관광 스토리텔링 사례

5장

관광 스토리텔링 사례

1. 성 소피아 박물관[1]

관광 스토리텔링은 관광객의 방문을 유도하기 위해 관광지에 얽힌 이야기를 알려서 관심과 흥미를 얻어야 한다. 역사 유적지에는 오래된 이야깃거리가 있다.

신비로운 이야기는 사람들의 호기심을 유발한다. 만약 그 이야기가 나와 관련될 수 있는 것이라면 더 많은 관심을 받게 된다. '소원이 이루어진다', '아픈 곳이 낫는다', '사랑이 이루어진다', '아들을 낳을 수 있다' 등 사람들이 염원하는 바와 관련된 이야기가 있는 공간은 사람들의 발길을 이끈다. '소원의 기둥'으로 유명한 터키 이스탄불의 성 소피아 박물관 사례를 소개하고

자 한다.

이스탄불은 동로마의 수도인 콘스탄티노플이었던 로마시대의 대표적인 유적지이며, 나열하기 힘들 정도로 많은 로마시대의 문화 유적지가 있는 도시이다.

360년 비잔틴 제국시대에 최초로 세워진 성 소피아 성당은 화재로 소실된 후 동로마 제국시대 유스티니아누스 황제 때인 532년부터 5년에 걸친 공사로 현재의 모습으로 완성되었다. 세계 곳곳에서 가져온 석재들을 이용해 화려하게 건축되었으며, 900여 년간 그리스 정교회 성당이자 콘스탄티노폴리스 세계 총

터키 이스탄불의 성 소피아 박물관의 외관

대주교의 총본산 역할을 하였다. 바티칸의 성 베드로 대성당이 지어지기 전까지 세계 최대 규모를 자랑한 성당으로 약 1500년가량의 역사를 지닌 건축물로 비잔틴 제국의 최대 걸작으로 불리기도 한다. 무엇보다 이 성당의 거대한 중앙 돔은 직경이 31m, 높이가 56m에 달하는 크기로 압도적인 규모이다. 이처럼 높은 돔 형식의 건축물을 짓는다는 것은 그 당시에 매우 어려운 일이었다고 한다.

이 화려한 성당은 15세기에 콘스탄티노플이 오스만 제국에 정복당하게 되면서 모스크(이슬람 사원)로 개조되었다. 이슬람 정복자들은 성당을 모스크로 바꾸기 위해 내부의 모자이크화를 회벽으로 칠하고 코란의 문자로 덮었다. 모스크로 500년간 사용되다 1934년 터키공화국이 들어선 이후 박물관으로 바뀌게 되었다. 가톨릭과 이슬람 두 종교의 역사를 가진 이곳을 인류의 문화유산으로 모두에게 열린 공간으로 만들기 위해 특별법을 제정하여 이슬람사원으로 사용되던 것을 박물관으로 전환시킨 것이다.

박물관으로 바뀐 뒤, 전 세계인들의 방문이 이어지며 이스탄불의 대표 관광지로 자리 잡게 되었다. 하지만 2020년 7월 10일에 터키 대통령의 지시로 다시 박물관에서 모스크로 바뀌어 공식명칭이 '하기아 소피아 그랜드 모스크(The Hagia Sophia Grand Mosque)'로 변경되었다.[2]

모스크에서 박물관으로 전환한 뒤, 원래 성당의 모습을 복원시키기 위해 성화에 칠해진 회칠을 벗겨내는 작업이 시작되었다. 회칠이 벗겨지면서 화려한 금박의 모자이크, 프레스코 성화들이 드러났으며, 회랑 벽에 그려진 옛 모자이크들이 500여 년 만에 다시 빛을 보게 되었다.[3] 한쪽에는 성화, 다른 쪽에는 코란의 문자를 같이 볼 수 있어 가톨릭과 이슬람의 역사를 동시에 간직하고 있는 모습에서 장구한 역사를 느낄 수 있다.

또한, 곳곳에 배치된 성화에 담긴 로마제국의 역사, 교황과 황제에 얽힌 흥미로운 이야기들이 가득하다. 이곳은 건축학적 측면에서도 중요한 의미를 지니는데, 지름보다 훨씬 긴 높이로 지어진 중앙 돔 내부의 성화는 마치 황금색 천국의 모습과 같은 느낌을 주며 빛이 들어올 수 있도록 설계되어 마치 하늘에서 축복이 내리는 것 같다.

성화와 코란의 문자가 공존하는 성 소피아 박물관의 내부

천사의 손자국

성 소피아 박물관 곳곳에 배치된 성화에 담긴 로마 제국의 역사, 교황과 황제에 얽힌 많은 이야기들 가운데 기둥에 새겨진 '천사의 손자국'에 흥미로운 이야기가 있다. 당시 성당의 상부를 돔으로 만드는 난이도가 높은 공사였음에도 불구하고 5년 10개월이라는 짧은 기간에 설치되었다. 왕의 재촉으로 무리한 공사가 진행된 측면도 있었으나, 그 당시의 건축기술로는 기적에 가까운 일로 여겨졌다고 한다.

건축이 완성된 후 황제는 "솔로몬이여, 내가 그대를 이겼노라"라고 말했다고 전해진다. 솔로몬 왕이 심혈을 기울여 건축한 예루살렘 성전보다도 자신이 지은 이 성당이 더 장엄하고 훌륭하다는 것을 표현한 것이다. 이 성당의 건축을 위해 당시 기하학과 수학에 능통했던 수학자들의 설계, 제국의 곳곳에서 조달한 형형색색의 대리석, 만 명의 목수와 만 명의 노동자가 밤낮을 가리지 않고 열심히 일한 끝에 건축이 완성될 수 있었다.[4]

그 당시 많은 사람들은 이 큰 규모의 성당이 짧은 기간 내에 완공될 수 있었던 데에는 신성한 존재의 도움이 있었기 때문에 가능했다고 믿었다. 그리고 성당의 벽에 새겨진 손자국은 천사가 남긴 흔적이라고 생각하게 되었다. 기둥의 '천사의 손자국'은 마치 외계인의 손바닥을 떠올리게 하는 모양이다. 이 성스러운 공간을 만들면서 누군가의 장난 혹은 실수처럼 보여질 수 있는 손자국을 남긴 것은 아마도 성당의 건축에 신비로운 존재의 도움이 있었다는 것을 후세에 알리기 위한 것은 아니었을까? 그렇다면 이것이야말로 1500년 전에 이뤄진 스토리텔링이라고 할 수 있을 것이다. 성당에 남겨진 천사의 손자국 덕분에 방문객들은 천사의 도움을 받아 세워진 성스러운 성당이라고 믿으며 이곳을 더욱 신비로운 곳으로 기억하게 되지 않을까?

천사의 손자국이 남아 있는 기둥

소원의 기둥

성 소피아 성당에는 또 다른 흥미로운 이야기가 있다. 비잔틴 제국의 황제 유스티니아누스의 명에 의해 지어진 이 성당 내부에 있는 기둥에 얽힌 이야기다. 유스티니아누스 황제는 두통이 심했는데, 어느 날 그 기둥에 머리를 댄 이후부터 두통이 말끔히 사라졌다고 한다. 이 이야기가 널리 알려지면서 많은 사람들이 찾아와 아픈 곳을 이 기둥에 대면서 낫기를 기원하기 시작하였다. 이후 기둥에 소원을 빌면 들어준다는 이야기로 확대되면서 일명 '소원의 기둥'으로 알려지게 된 것이다.

황제의 두통을 낫게 해준 이야기로 인해 수많은 사람들이 찾아와 소원을 비는 바람에 기둥이 닳게 되자 이를 보호하기 위한 장치를 마련하였다. 기둥이 닳는 것을 막기 위해 기둥에 청동을 덧댄 후 가운데 구멍을 뚫어놓은 것이다. 방문객들은 그 구멍에 엄지손가락을 넣어 돌리면서 소원을 빌게 되었다. 전 세계에서 오는 방문객들이 줄을 서서 각자 소원을 비는 모습들이 이어지고 있다.

성 소피아 박물관에는 황제와 얽힌 여러 가지 흥미로운 이야기들이 많지만, 방문객들이 다녀간 후에 쉽게 떠올리는 것은 아마도 소원의 기둥 이야기일 것이다. 황제의 병을 낫게 한 기둥 앞에서 줄을 서고, 자신의 차례가 되면 구멍에 손가락을 넣어 돌리며 소원을 빌었던 것을 인상적으로 기억해 낼 것이다. 소원을 빌었던 이야기의 주인공이 황제가 아닌 자신이기 때문이다. 관광 스토리텔링은 일방적인 이야기 보여주기보다 방문객 자신의 이야기가 되었을 때 더 많은 관심과 참여를 이끌어 낼 수 있다.

성 소피아 박물관은 이 흥미로운 두 가지 이야기를 알리기 위해 별다른 노력을 하는 것으로 보이지는 않는다. 소원의 기둥 앞에 선 사람들의 줄 때문에 이야기를 모르던 방문객들도 자연스럽게 알게 된다. 하지만 천사의 손자국에 대해서 미처 알아보지 못하는 방문객들도 적지 않다.

청동을 덧댄 소원의 기둥에서 소원을 비는 저자

2. 산타클로스 마을, 로바니에미

동화 속의 세상, 산타마을(Santa Claus Village)

북극권과 맞닿은 핀란드 북부 라플란드 지역의 도시 로바니에미(Rovaniemi)는 '산타클로스 마을'로 알려져 있다. 산타클로스 마을로 알려지게 된 것은 1927년 핀란드의 국영방송에서 어린이 프로그램의 진행자가 어떤 영문에서인지 "여러분, 로바니에미에 있는 코르바트투리산에 산타할아버지가 살고 있어요."라고 말했다. 산타클로스가 실재한다고 믿는 아이들은 이 이야기를 듣고 눈이 많이 오는 핀란드 로바니에미의 깊은 산속에 산타클로스가 살고 있다고 믿기 시작했다. 그리고 산타클로스에게 편지를 보내기 시작했다. 핀란드의 우체국은 아이들의 동심 어린 편지에 일일이 답장을 해주었다고 한다. 이것이 지금의 로바니에미 산타 우체국의 출발이 되었다.

제2차 세계대전으로 핀란드의 많은 도시들이 파괴되었는데 로바니에미도 예외는 아니었다. 전후 복구에 나선 로바니에미는 산타클로스 이야기를 활용하여 산타클로스 마을 조성계획을 세우고 산타클로스 건물도 세웠다. 이때 핀란드의 재건을 지원하는 미국의 대통령 루스벨트의 부인 엘리노어가 로바니에미 지역을 방문하면서 세계적으로 유명세를 얻게 되었다. 하지만 이곳이 관광지로 본격화된 것은 1984년 영국의 항공사가 라플란드 취항을 하게 되면서 영국의 방송국 ITV가 로바니에미에 관한 방송을 내보낸 이후이며, 1991년 BBC에서 로바니에미의 산타마을에 대한 방송을 하게 되면서 전격적으로 알려지게 되었다.

산타마을에 대한 관심이 증가하자 1985년 로바니에미에 산타마을 관광단지를 본격적으로 조성하기 시작했다. 통나무 오두막 숙소부터 산타 집무실과 산타우체국, 레스토랑과 기념품 가게 등이 들어섰다. 관광객들은 산타클로스를 만나보고, 순록이 끄는 썰매를 타보는 체험 등 다양한 겨울 활동을 즐길 수 있다.[5]

전 세계에 산타마을을 표방한 지역은 몇 곳이 있다. 이 중, 로바니에미는 독보적인 산타마을로 자리 잡고 있다. 이것은 세계의 어린이들이 산타에게 보내는 편지가 이곳으로 집결하는 데서부터 기인한다. 1927년 이후부터 어린이들은 산타에게 편지를 보내기 시작했고, 답장을 받게 되면서 진짜 산타가 핀란드에 살고 있다는 믿음이 형성된 것이다.

실제로 편지에 '산타클로스 할아버지에게(To Santa Claus)'라고만 써서 우체통에 넣으면 핀란드의 로바니에미로 도착한다. 전 세계의 어린이로부터 해마다 수십만 통의 편지가 이곳의 산타우체국에 도착한다고 한다. 산타마을의 자원봉사자 엘프(elf)가

핀란드 로바니에미의 산타마을

전 세계에서 날아오는 각기 다른 언어의 편지에 답장을 해주고 있다. 몇 년 전부터 한국인 자원봉사자가 참여하면서 한국 어린이가 산타 마을에 편지를 쓰면 한글로 된 답장을 받을 수 있게 되었다.

로바니에미의 산타는 이 지역에서 대대로 살아온 주민 중에서 선거로 선출된다. 산타는 핀란드 정부로부터 공식 인증을 받으며 산타마을에 온 방문객을 접견하고 함께 사진도 찍을 수 있게 해준다. 또한, 전 세계를 다니며 로바니에미의 산타마을을 홍보하기도 한다.

크리스마스 시즌에는 로바니에미 산타마을에 가려는 관광객이 넘쳐나 전세기까지 운행될 정도로 전 세계의 많은 사람들이 방문한다. 북극선에 걸쳐져 있으며 일 년에 반 이상이 눈이 오는 이 작은 마을이 연간 100만 명 이상의 관광객들이 방문하는 인기 관광지가 된 것이다.

이처럼 로바니에미가 사랑받는 이유는 전 세계 어린이들의 환상이자 믿음, 크리스마스가 되면 선물을 주는 산타 할아버지 이야기를 현실 속 공간으로 구현했기 때문이다. 어른들도 어렸을 때는 산타 할아버지의 존재를 믿었다. 동심 속 이야기를 현실화한 이 공간은 어른들에게도 어린 시절로 되돌아갈 수 있도록 하는 특별한 공간이 될 수 있는 것이다.

사실 이 마을은 산타와는 별 다른 연관이 없는 곳이다. 오히

핀란드 로바니에미 산타마을의 산타와 순록

려 어린이들에게 선행을 많이 베푼 것으로 알려진 성자 니콜라스(Saint Nicholas)는 터키인이다. 그가 살던 지역은 더운 기후의 터키 남부로 당나귀를 타고 다녔다고 한다. 하지만 1930년대 코카콜라 광고에 빨간 옷에 풍성한 흰 수염을 가진 산타가 등장하면서 이것이 전 세계인들에게 산타의 이미지로 고착되었다. 이러한 이미지를 가진 산타가 살 법한 곳으로 로바니에미가 어울렸던 것이다.

북극권에 맞닿은 눈이 많은 마을이라는 환경이 썰매를 끄는 산타가 살 것이라는 상상력에 기반한 이야기를 만들게 했고, 이 이야기가 오랜 시간에 걸쳐 알려지면서 이곳에 산타가 산다고 믿게 된 것이다. 이 믿음에 기반한 산타마을은 관광콘텐츠화에 성공하였다.

핀란드의 대표 항공사 핀에어(Finair)에서는 산타마을을 방문하기 위해 핀란드를 찾는 관광객들이 증가하면서 항공사 홍보를 위한 광고에 산타 이야기를 활용한 재미있는 광고영상을 제작하였다. 〈Finair & Santa's secret〉이라는 제목의 영상인데, 한 어린이가 부모와 함께 헬싱키 공항에서 비행기를 타러 가던 중 산타의 선물을 운반하는 차에서 떨어진 선물 하나를 줍게 된다. 이 선물을 되돌려놓기 위해 차에 몸을 싣게 되고, 호기심에 공항 내 화물창고까지 몰래 들어가게 된다.

그곳에서 산처럼 쌓인 산타의 선물꾸러미들을 보고 놀라워한다. 결국, 부모님으로부터 걸려온 전화 때문에 들통나게 되면서 산타를 만나게 된다. 시간이 지나 크리스마스 이브 밤, 아이는 집 마당에 수많은 선물들이 놓여 있는 것을 발견하고 기뻐한다. 그 다음 장면에는 산타가 핀에어(Finair)의 비행기에 여유롭게 앉아 승무원의 음료 서비스를 받는 장면이 나온다.

마지막 장면에 '산타 클로스의 공식 항공사'라는 메시지도 뜬다. 산타가 타는 항공사, 산타의 선물을 실어 나르는 항공사, 산타마을에 가려는 사람들은 이 항공사를 이용해 보고 싶지 않겠는가? 산타 이야기를 백분 활용하여 사람들의 감성을 자극하는 스토리텔링 광고이다.

핀에어 광고 속의 산타클로스

1장

1 우리말 규범정보(문화체육관광부 고시 제2013-9호, 2013년 3월 8일)에 따르면, '스토리' 대신 될 수 있으면 순화한 용어 '이야기'를 쓰되 다만, 용어가 정착될 때까지 병용 또는 병기할 수 있다고 되어 있다.

2 최시한, 『스토리텔링 어떻게 할 것인가』, 문학과지성사, 2015, 39쪽.

3 최혜실, 『스토리텔링, 그 매혹의 과학』, 한울, 2011.

4 크리스티앙 살몽, 『스토리텔링, 이야기를 만들어 정신을 포맷하는 장치』, 류은영 옮김, 현실문화, 2010.

5 린 그래프트, 『스토리셀링』, 이희령 옮김, 포레스트북스, 2019, 28쪽.

6 EBS 다큐프라임 '이야기의 힘' 제작팀, 『이야기의 힘』, '인간에서 이야기가 필요한 세 가지 이유', 황금물고기, 2011, 34~38쪽.

2장

1 안토니오 다마지오, 『데카르트의 오류』, 김린 옮김, 중앙문화사, 1999.

3장

2 뽀로로파크 홈페이지(http://www.pororopark.com/).

3 경기연구원, 「경기도 영상관광활성화 방안 보고서」, 경기정책연구 2016-64, 110-111쪽.

4장

1 서울연구원, 「서울시 스토리텔링 관광자원 마케팅 전략 연구」, 2014-PR-10, 29쪽.

2 최인호(2008), 대중문화 콘텐츠를 활용한 관광지 스토리텔링, 한국콘텐츠학회논문지, 8(12), 399쪽.

3 정영선, 『나는 이야기 장사꾼이다』, 멋진세상, 2014.

4 문화재청 공지사항, 2020년 문화재 안내판 안내문안 공모전, 문화재청 공고 제2020-160호(https://www.cha.go.kr/multiBbz/selectMultiBbzView.do?id=19365&no=26025&bbzId=newpublic&mn=NS_01_01).

5 한국관광공사(https://www.kctg.or.kr/index.do).

6 서울도보해설관광 홈페이지.

7 말레이어와 인도네시아어를 통틀어 이르는 말로 주로 인도네시아어를 가리킴.

5장

1 뮤지엄뉴스에 필자가 투고한 칼럼의 '뮤지엄 관광의 중심이 되다' 내용의 일부를 원용하였음(https://museumnews.kr/261column/).

2 2020년 7월 10일 터키 대통령의 명령으로 박물관이 아닌 모스크로 변경되었으나, 유네스코를 비롯한 세계의 여론은 박물관으로 유지해야 한다고 주장하고 있다. 세계인들이 아직 성 소피아 박물관으로 기억하고 있어 본고에는 박물관으로 표기하였음.

3 2020년 7월 모스크로 전환 이전까지 복원작업이 계속되어 왔음.

4 유재원, 『터키, 1만년의 시간여행 01』, 책문, 34~35쪽.

5 산타클로스 빌리지 홈페이지(https://santaclausvillage.info/summer-arctic-circle/).

• https://www.habernediyor.com/yasam/5-yil-once-bugun-aylan-bebek-h45257.html(20쪽 사진)

• https://www.mei.edu/publications/refugees-adrift-responses-crises-mena-and-asia(21쪽 사진)

• https://www.newzealand.com/kr/feature/the-lord-of-the-rings-trilogy-filming-locations/(141쪽, 142쪽, 144쪽 사진)

저자 김주연

2007년 경희대학교에서 관광학 박사학위를 받은 후 연구박사와 연구교수로 지냈다. 2014년 신한대학교 글로벌관광경영학과 교수로 부임하여 관광 스토리텔링과 문화관광콘텐츠를 강의하고 있다. 대통령직속 지역발전위원회 평가자문단위원, 문화체육관광부 문화관광축제 평가위원 · 통합재정사업평가 지역분과위원 등을 역임했다. 2016년 미국인명정보기관 Marquis Who's Who in the World의 '올해의 인물'에 등재되었으며, 영국 케임브리지 국제인명센터(IBC)의 '세계의 탁월한 교육자(Outstanding Educators)'로 선정된 바 있다. 2018년 알버트 넬슨 마르퀴즈 평생공로상(Albert Nelson Marquis Lifetime Achievement Award)을 수상하였다.

감수 안경모

경희대학교 관광대학원 교수로 문화관광콘텐츠와 축제이벤트, 컨벤션을 강의하고 있다. 한국문화콘텐츠진흥원 대표와 청와대 관광진흥비서관을 지냈다.

저자와의
협의하에
인지첩부
생략

관광 스토리텔링

2021년 8월 25일 초판 1쇄 인쇄
2021년 8월 30일 초판 1쇄 발행

지은이 김주연
감 수 안경모
펴낸이 진욱상
펴낸곳 (주)백산출판사
교 정 성인숙
본문디자인 신화정
표지디자인 오정은

등 록 2017년 5월 29일 제406-2017-000058호
주 소 경기도 파주시 회동길 370(백산빌딩 3층)
전 화 02-914-1621(代)
팩 스 031-955-9911
이메일 edit@ibaeksan.kr
홈페이지 www.ibaeksan.kr

ISBN 979-11-6567-387-1 13980
값 14,000원